kochen & genießen
Köstliche Kuchen & Torten

kochen & genießen

Köstliche
Kuchen & Torten

© Moewig Verlag / edel entertainment GmbH, Hamburg

www.moewig.de   www.edel.de

Redaktion kochen & genießen
Gertraud Schwillo (Chefredaktion)
Sabine Antoni, Maike Bauer, Kathrin Ehlers,
Stefanie Gerber, Irmgard Krüger, Monika Lamping,
Sophie Mehrkens, Hanne Tauscher

Layout: Eylin Drews

Fotos: Food & Foto, Hamburg

Printed in Germany
ISBN 978-3-86803-257-4

Viel Spaß beim Backen!

Selbstgebackenes ist immer etwas Besonderes, mit dem Sie Ihre Familie und liebe Freunde stets aufs neue verwöhnen können. Dieses Buch bietet Ihnen die schönsten Back-Rezepte für vielerlei Anlässe – von der himmlischen Käsetorte über tolle Geburtstagskuchen bis hin zu knusprigen Weihnachts-Plätzchen. Da ist für jeden etwas dabei.

Die Rezepte sind so, wie Sie sie haben möchten und sie Monat für Monat in der beliebten Zeitschrift kochen & genießen finden: Die Zutaten sind exakt aufgelistet und überall erhältlich. Und die Schritt-für-Schritt-Anleitungen machen Ihnen das Nachbacken leicht, so daß alles garantiert gelingt. Natürlich wurden all diese Rezepte in der Versuchsküche der Redaktion gründlich erprobt.

Damit auch Anfänger nach Herzenslust mitbacken können, wird zu Beginn dieses Buches die Zubereitung der beliebtesten Grundteige wie Rühr-, Mürbe- oder Hefeteig step-by-step in Wort und Bild erklärt. Am Ende stehen noch weitere Tips rund ums Backen.

Also, tauchen Sie ein in die Welt der süßen Genüsse! Wir wünschen Ihnen dabei viel Vergnügen und gutes Gelingen.

Ihre Redaktion
kochen & genießen

Inhalt

Backschule 8-17

Käsekuchen 18-27

Käse-Sahnetorte mit Aprikosen   *Seite 18*

Blechkuchen 28-39

Bunte Obstschnitten   *Seite 28*

Tradtions-Kuchen . .40-49

Russischer Zupfkuchen mit Aprikosen   *Seite 40*

Kleingebäck 50-59

Cremetörtchen mit Früchten   *Seite 50*

Erdbeerkuchen 60-67

Erdbeer-Käse-Kuchen   *Seite 60*

Beerenkuchen 70-77

Beeren-Joghurt-Torte   *Seite 70*

Kirschkuchen 78-85

Feine Kirsch-Sahne-Torte   *Seite 78*

Pflaumenkuchen . .86-97

Pflaumen-Joghurt-Torte mit Amarettini   *Seite 86*

Apfelkuchen 98-109

Karamelisierter Apfelkuchen   *Seite 98*

Inhalt

Obst-Kuchen *110-117*

Orangen-Sahne-Torte   *Seite 110*

Kuchen zum
Vorbereiten *118-127*

Florentiner Sahne-Torte   *Seite 118*

Napf- & Kasten-
kuchen *128-139*

Mailänder
Mascarpone-Kranz   *Seite 128*

Festtagstorten . . . *140-149*

Himbeer-Käse-Sahnetorte   *Seite 140*

Backen mit
Kindern *150-159*

Süße Dalmatiner   *Seite 150*

Kuchen zum
Verschenken . . . *160-167*

Aprikosen-Torte
mit Kokoskonfekt   *Seite 160*

Backen für
Ostern *168-175*

Nuß-Sahne-Torte
mit Marzipan-Häschen   *Seite 168*

Weihnachtsbäckerei 176-187

Lebkuchen-
Mascarpone-Torte   *Seite 176*

Tips & Tricks . . *188-189*

Register *190-191*

Rührteig

Ein Klassiker unter den Rührkuchen: <u>Marmorkuchen,</u> hier mit Mokka verfeinert. Das Rezept finden Sie auf Seite 134

Seit eh und je beliebt sind saftige Rührkuchen. Aus gutem Grund! Denn sie lassen sich immer anders variieren, sind äußerst unkompliziert und gelingen auch Anfängern garantiert!

RUND UM DEN TEIG

● Alle Zutaten für den Teig sollten Zimmertemperatur haben.

● Gerinnt der Teig, etwa durch ein zu kaltes Ei, den Teig in der Schüssel im warmen Wasserbad cremig rühren.

● So wird der Teig besonders locker: Eier trennen, Eigelb und die übrigen Zutaten verrühren. Zuletzt das Eiweiß steif schlagen und unterheben.

● Gerade bei großen Mengen sind Küchenmaschinen eine gute Hilfe, denn sie arbeiten gleichmäßig und zeitsparend. Bitte beachten Sie jedoch stets die Anleitung Ihres Modells.

● Dieses Grundrezept können Sie prima abwandeln: z. B. mit Vanille, Rum, Zitrone, Schokolade, Nüssen oder Rosinen.

Grundrezept für Rührteig

ZUTATEN FÜR EINE FORM
(Ca. 2½ l Inhalt; 26 cm Ø; 25 cm lang):

● 250 g Butter oder Margarine
● 250 g Zucker
● 1 Prise Salz
● 3 Eier (Gr. M)
● 500 g Mehl
● 1 Päckchen Backpulver
● 4–8 EL Milch
● Fett und Paniermehl für die Form

Vorbereitungszeit: 20–30 Minuten
Backzeit: 60–70 Minuten
Backtemperatur: E-Herd: 175–200 °C
Umluft: 150–175 °C
Gas: Stufe 2–3
Abkühlzeit: 2–4 Stunden

Zubereitung

1. Das weiche Fett mit den Schneebesen des Handrührgerätes schaumig schlagen. Zucker unterrühren, bis er sich gelöst hat.

2. Die Eier einzeln zur Fett-Zuckermasse geben und jeweils ca. ½ Minute mit dem Handrührgerät sorgfältig unterrühren.

3. Die Masse dann noch so lange weiterrühren, bis sie hellcremig ist und sich alle Zutaten gleichmäßig verbunden haben.

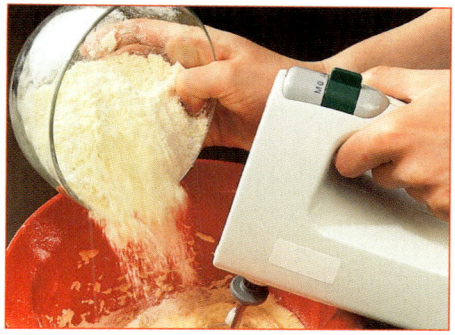

4. Mehl und Backpulver mischen und sieben, damit sich das Backpulver gleichmäßig verteilt und die Krume feinporig wird.

5. Die Mehlmischung portionsweise kurz und zügig unter die Eiermasse rühren. Denn zu langes Schlagen macht den Teig „zäh".

6. Der Teig hat die richtige Konsistenz, wenn er schwerreißend von den Schneebesen fällt. Ist er zu fest, noch löffelweise Milch zufügen.

7. Damit sich Rührkuchen gut stürzen lassen, die Backformen gründlich einfetten und mit Mehl oder Paniermehl ausstreuen.

8. Backblech fetten oder mit Backpapier auslegen. Den Teig darauf mit einem Spatel oder Teigschaber verteilen und glattstreichen.

9. Rührteige nur maximal zu ⅔ Höhe in die Backformen füllen, damit der Teig beim Aufgehen nicht überläuft und in den Ofen tropft.

10. Bei Kastenkuchen bricht die Kruste schön auf, wenn Sie den Teig nach etwa 15 Minuten Backzeit längs ca. 1 cm tief einschneiden.

11. Garprobe: Holzstäbchen in die Mitte des Kuchens stecken und herausziehen. Klebt feuchter Teig daran, ist er noch nicht gar.

12. Den fertigen Kuchen erst ein paar Minuten in der Form ruhenlassen. Dann aus der Form stürzen und auskühlen lassen.

Biskuit

Fruchtig & herrlich erfrischend aus zartem Biskuit:
Zitronen-Buttermilch-Rolle
Das Rezept finden Sie auf Seite 113

Luftig lockerer Biskuit – das ist der „Stoff", aus dem himmlische Torten, gefüllte Biskuitrollen oder feine Schnitten sind. Damit er perfekt gerät, hier ein paar wichtige Tips

RUND UM DEN TEIG

● Da die Biskuitmasse schnell zusammenfällt, bereits vor dem Rühren Form und Blech fertig vorbereiten. Zügig arbeiten und den Teig sofort abbacken.

● Eine gute Schaumbildung beim Rühren des Biskuits entsteht, wenn Sie statt des groberen Haushaltszuckers feinkörnigen Kristall-Zucker verwenden.

● Mehl und Speisestärke immer durch ein Sieb auf die Eicreme geben.

● Mehl kann max. bis zur Hälfte durch Speisestärke ersetzt werden und ein Teil durch gemahlene Nüsse oder Mandeln.

● Bei Biskuitplatten das offene Ende des Bleches mit einer Aluschiene begrenzen, damit der Biskuit gleichmäßig hoch wird.

Grundrezept für Biskuit

ZUTATEN FÜR EINE SPRINGFORM ODER EIN BACKBLECH:

● 3 Eier (Gr. M)
● 125 g Zucker
● 75 g Mehl
● 50 g Speisestärke
● 1 Messerspitze Backpulver
● Backpapier

Vorbereitungszeit: ca. 20 Minuten
Backzeit: ca. 10–12 Minuten
auf dem Backblech;
25–30 Minuten in der Springform
Backtemperatur: E-Herd: 175–200 °C
Umluft: 150–175 °C
Gas: Stufe 2–3
Abkühlzeit: ca. 1–2 Stunden

Zubereitung

1. Die Eier sorgfältig trennen. Dabei darauf achten, daß kein Eigelb in die Schüssel mit dem Eiweiß gerät. Sonst wird es nicht steif.

2. Eiweiß mit den Schneebesen des Handrührgerätes steif schlagen, dabei den Zucker nach und nach einrieseln lassen.

3. Dann Eiweiß und Zucker auf höchster Schaltstufe so lange steif schlagen, bis der Eischnee in Spitzen stehen bleibt.

4. Alles Eigelb zum Eiweiß geben und mit den Schneebesen des Handrührgerätes auf höchster Stufe ca. 1 Minute drunterschlagen.

5. Mehl, Stärke und Backpulver stets auf die Eimasse sieben, damit sich in der Biskuitmasse keine Klümpchen bilden.

6. Nun alles mit dem Schneebesen langsam unterziehen. Bitte nicht schnell rühren, sonst fällt die Masse zusammen.

7. Nur den Boden einer Springform mit Backpapier auslegen oder fetten und bemehlen. Nicht den Rand, sonst geht der Teig nicht auf.

8. Die Biskuitmasse mit einem Teigschaber in der Form glattstreichen, damit der Boden gleichmäßig backt und seine Form behält.

9. Für Biskuitplatten das Blech mit Backpapier auslegen oder fetten und bemehlen. Biskuit mit dem Schaber in alle Ecken streichen.

10. Die Biskuitplatte noch heiß vom Blech nehmen und auf ein sauberes, mit feinem Zucker bestreutes Geschirrtuch stürzen.

11. Das Backpapier mit etwas kaltem Wasser bestreichen und sofort abziehen. Dabei vorsichtig arbeiten, damit nichts kleben bleibt.

12. Die noch warme Biskuitplatte mit Hilfe des Tuches aufrollen. So aufgerollt auskühlen lassen, damit sie dann gefüllt werden kann.

Hefeteig

Klassisch mit Hefe: Gedeckter Apfel-Vanillekuchen *ist goldbraun aus dem Ofen ein Genuß. Das Rezept finden Sie auf Seite 35*

Man nehme: frische oder Trockenhefe, ein warmes Plätzchen und etwas Zeit zum Gehenlassen. Ergebnis wird ein super saftiger Kuchen sein, auf dem Sie bestimmt nicht sitzenbleiben

RUND UM DEN TEIG
● Frische Hefe ist glatt, hat einen seidigen Schimmer, duftet angenehm säuerlich und läßt sich gut zerbröckeln.
● Hefe mag es warm: Deshalb muß die Milch zum Anrühren lauwarm sein. Alle anderen Zutaten sollten Zimmertemperatur haben. Also Fett, Eier etc. rechtzeitig aus dem Kühlschrank nehmen.
● Der Teig braucht Sauerstoff zum „Gehen", die Teigschüssel deshalb nicht verschließen, sondern mit einem sauberen Geschirrtuch abdecken.
● Keine Glas- oder Marmorplatten als Arbeitsfläche verwenden, sie sind zu kalt für die empfindliche Hefe. Besser ist ein Backbrett oder die Arbeitsfläche aus Kunststoff.

Grundrezept für Hefeteig

ZUTATEN FÜR EIN BACKBLECH:
● 500 g Mehl
● 1 Würfel (42 g) frische Hefe oder 1 Beutel Trockenhefe
● ⅛–¼ l Milch
● 1 Ei (Gr. M)
● 75–100 g Zucker
● 1 Prise Salz
● 50–100 g Butter oder Margarine
● Fett für die Form

Vorbereitungszeit: **20 Minuten**
Gehzeit: **50–60 Minuten**
Backdauer: **ca. 40 Minuten**
Backtemperatur: **E-Herd: 200 °C**
Umluft: 175 °C / Gas: Stufe 3
Abkühlzeit: **2–3 Stunden**

Zubereitung

1. Für den Vorteig Mehl in eine Schüssel geben. Eine Mulde hineindrücken. Frische Hefe hineinbröckeln. Zucker und Milch zufügen.

2. So geht's auch: Hefe in die lauwarme Milch bröckeln. Mit etwas Zucker verrühren und danach in die Mehlmulde gießen.

3. Hefemilch mit etwas Mehl zu einem Brei verrühren. Den Vorteig am warmen Ort bei ca. 25 °C zugedeckt 15–20 Minuten gehen lassen.

4. Dann das weiche Fett in Flöckchen schneiden und auf dem Mehlrand um den Hefe-Vorteig verteilen. Zuletzt Ei und Salz zufügen.

5. Alles mit den Knethaken des Handrührgerätes oder mit bemehlten Händen zu einem glatten, geschmeidigen Teig verkneten.

6. Statt frischer können Sie auch Trockenhefe nehmen. Hefe erst mit dem Mehl mischen und dann mit allen übrigen Zutaten verkneten.

7. Teig in eine große bemehlte Schüssel legen, damit er genügend Platz hat, da er beim Gehen sein Volumen fast verdoppelt.

8. Hefeteig mit einem sauberen Geschirrtuch locker abdecken. Nun an einem warmen Ort etwa weitere 30 Minuten gehen lassen.

9. Den Teig nach dem zweiten Gehen auf einer bemehlten Arbeitsfläche kräftig durchkneten und schlagen, bis er Blasen wirft.

10. Da sich der Teig beim Ausrollen immer wieder leicht zusammenzieht, mit der Teigrolle stets diagonal in alle Richtungen ausrollen.

11. Zuletzt den Hefeteig mit leicht bemehlten Händen in alle Ecken des Backblechs oder der Form schieben und fest andrücken.

12. Vor dem Backen den Hefeteig nochmals kurz gehen lassen. Danach, z. B. für Butterkuchen, kalte Fettflöckchen darauf verteilen.

Mürbeteig

Ein Favorit im Spätsommer: **Gedeckter Pflaumenkuchen** aus knusprigem Mürbeteig. Das Rezept finden Sie auf Seite 90

*Für Torten oder Blechkuchen, für Kleingebäck oder Kekse –
zarter Mürbeteig gehört ins Repertoire einer jeden Hobbybäckerin.
Obendrein ist er auch ruck, zuck geknetet*

RUND UM DEN TEIG

● Mürbeteig mag es gerne kalt. Fett und Eier sollten direkt aus dem Kühlschrank kommen. Und am besten auf einer Marmor-Arbeitsplatte arbeiten.

● Mürbeteig enthält reichlich Fett. Formen und Backbleche müssen daher nicht gefettet werden.

● Damit Obstböden nicht aufweichen, vor dem Belegen mit gemahlenen Nüssen bestreuen oder mit erwärmter Marmelade oder Kuvertüre bestreichen.

● Übrigens: An jeden Teig gehört 1 Prise Salz, auch an Mürbeteig. Es erhöht das Eigenaroma aller Zutaten.

● Rohen Mürbeteig können Sie prima einfrieren: möglichst als flache Platte im Gefrierbeutel, so taut er schnell auf.

Grundrezept für Mürbeteig

ZUTATEN FÜR EINE SPRINGFORM:

● 300 g Mehl
● 100 g Zucker
● 1 Päckchen Vanillin-Zucker
● 1 Prise Salz
● 1 Ei (Gr. M)
● 200 g Butter oder Margarine
● Fett für die Form

Vorbereitungszeit: ca. 15 Minuten
Ruhezeit: mind. 30 Minuten
Backdauer: 20–25 Minuten (Obstkuchen)
Backtemperatur:
E-Herd: 200 °C
Umluft: 175 °C
Gas: Stufe 3
Abkühlzeit: ca. 30–60 Minuten

Zubereitung

1. Mehl auf eine Arbeitsfläche sieben. Ei bzw. Eier in die Mulde geben und das kalte Fett in Stückchen auf dem Rand verteilen.

2. Alles mit einem langen Messer gründlich durchhacken, so daß sich flüssige und feste Zutaten zu kleinen Krümeln verbinden.

3. Mit den Händen schnell zum glatten Teig verkneten. Zur Kugel formen, durchschneiden und prüfen, ob alle Zutaten verteilt sind.

4. Wer mag, kann auch alle Zutaten in einer Rührschüssel mit den Knethaken des Handrührgerätes zu Krümeln verkneten.

5. Den Teig nun aus der Rührschüssel nehmen und ebenfalls zügig mit den Händen durchkneten und zu einer Kugel formen.

6. Die Teigkugel in Klarsicht- oder Alufolie wickeln und ½ Stunde im Kühlschrank ruhenlassen, damit er sich gut verarbeiten läßt.

7. So klebt der Teig nicht an Arbeitsfläche und Rolle fest: zwischen zwei Lagen Klarsichtfolie oder Gefrierbeutel ausrollen.

8. Mit Hilfe der oberen Folie (untere abziehen) läßt sich der Teig, ohne zu reißen, ganz einfach in eine gefettete Springform legen.

9. Für hohe Teigränder: ⅓ des Teiges in 2–3 breite Streifen schneiden und mit den Händen fest an Rand und Boden drücken.

10. Beim Backblech den Mürbeteig direkt darauf ausrollen. Rolle stets mit etwas Mehl bestäuben, damit der Teig nicht daranklebt.

11. Den ausgerollten Teig mit den Händen in die Ecken drücken – möglichst vorsichtig, so daß er dabei nicht auseinanderreißt.

12. Damit sich beim Backen keine Blasen bilden, den Teig mit einer Gabel einstechen. Durch die Löcher kann Dampf entweichen.

...und noch
4 beliebte Teige

Quark-Öl-Teig, Streuselteig, Brandteig oder Strudelteig:
Auch diese Teige gehören in die gute Backstube, denn sie bieten noch
mehr Möglichkeiten für süße und auch für pikante Kuchen

Quark-Öl-Teig

1. Die Hälfte Mehl, Backpulver, Zucker und Eier mit den Schneebesen des Handrührgerätes zu einer glatten Masse verrühren.

2. Den Quark gut abtropfen lassen. Zur Teigmasse geben und mit den Schneebesen gleichmäßig unterrühren.

3. Das Öl nach und nach darunterschlagen. Zuletzt das übrige Mehl mit den Knethaken oder Händen sorgfältig darunterkneten.

Streuselteig

1. Mehl, Salz, Zucker und Fettstückchen in eine Schüssel geben. Mit den Knethaken des Handrührgerätes verkneten.

2. Den Teig so lange mit den Knethaken bearbeiten, bis sich alles gut vermischt hat und dicke Streusel entstanden sind.

3. Die Teigstreusel in eine gefettete Springform geben und rundum mit der Hand auf dem Springformboden gut andrücken.

Brandteig

1. Wasser, Fett und Salz zusammen in einen Topf geben und kurz aufkochen, bis das Fett völlig geschmolzen ist.

2. Das Mehl auf einmal zum Fett-Wasser-gemisch schütten. Nun mit dem Rührlöffel so lange rühren, bis sich ein Kloß bildet.

3. 1–2 Minuten unter Wenden „abbrennen", bis sich am Topfboden eine weiße Schicht bildet und sich der Brandteig als Kloß löst.

4. Den heißen Kloß in eine Schüssel füllen. Erst 1 Ei unterrühren, etwas abkühlen. Dann so viele Eier unterrühren, bis der Teig glänzt.

5. Die Teigmasse in einen Spritzbeutel füllen und aufs Backpapier spritzen: für Wind-beutel dicke Tuffs, für Eclairs lange Streifen.

6. Brandteig nach dem Backen sofort mit einer Schere aufschneiden, damit der Dampf entweichen und das Gebäck trocknen kann.

Strudelteig

1. Mehl, Salz und Eier in eine Rührschüssel geben. Öl zugeben und alles mit den Knethaken des Handrührgerätes verkneten.

2. Auf bemehlter Arbeitsfläche durchkneten, dabei immer wieder auf die Arbeitsfläche schlagen, so daß der Teig elastisch wird.

3. Teig zur Kugel formen. Mit Öl bestrei-chen. Unter einer mit heißem Wasser ausge-spülten Schüssel 2 Stunden ruhenlassen.

4. Strudelteig auf ein sauberes bemehltes Geschirrtuch legen und mit einer bemehlten Teigrolle zu einem Rechteck ausrollen.

5. Die Teigfläche dünn mit etwas Öl bepin-seln, damit der Strudel-Teig beim Auseinanderziehen nicht so schnell reißt.

6. Den Teig über die Handrücken hauchdünn „ausziehen", so daß das Muster des Tuches durchscheint. Sofort belegen und aufrollen.

Himmlisc

Käse-Sahne-Torte mit Aprikosen

Zutaten für ca. 12 Stücke:

- 3 Eier (Gr. M)
- 75 g + 100 g Zucker
- 50 g Mehl, 50 g Speisestärke
- 1 Dose (850 ml) Aprikosen
- 8 Blatt weiße Gelatine
- 750 g Magerquark
- 2 Päckchen Vanillin-Zucker
- Saft von 1 Zitrone
- 500 g + 100 g Schlagsahne
- 1 EL Puderzucker
- evtl. Minze zum Verzieren
- Backpapier

1. Für den Biskuitteig Eier trennen. Eiweiß und 75 g Zucker steif schlagen. Eigelb nach und nach unterschlagen. Mehl und Speisestärke mischen, unterheben.

2. Biskuit in eine am Boden mit Backpapier ausgelegte Springform (26 cm Ø) streichen. Im vorgeheizten Backofen (E-Herd: 200 °C/ Umluft: 175 °C / Gas: Stufe 3) ca. 20 Minuten backen. Auskühlen.

3. Biskuit halbieren. Um den unteren Boden den Formrand legen. Aprikosen abtropfen und, bis auf 3 Stück, auf dem Boden verteilen.

4. Gelatine kalt einweichen. Quark, 100 g Zucker, Vanillin-Zucker und Zitronensaft verrühren. Gelatine ausdrücken, auflösen und unterrühren. Quarkmasse kalt stellen, bis sie zu gelieren beginnt. 500 g Sahne steif schlagen, unter den leicht gelierenden Quark heben. Quark auf Aprikosen verteilen. Ca. 4 Stunden kalt stellen.

5. Übrigen Boden in ca. 12 Tortenstücke schneiden. Mit Puderzucker bestäuben. Rest Aprikosen in ca. 12 Spalten schneiden. 100 g Sahne steif schlagen. Torte mit Sahnetuffs, Aprikosen und Minze verzieren. Tortenstücke drauflegen.

Zubereitungszeit ca. 1¼ Std.
Wartezeit ca. 6 Std.
Pro Stück ca. 360 kcal / 1510 kJ.

...ne Käsekuchen

Mmh, schmecken die gut ...

Käsekuchen

Quark-Kuchen mit Kirschen

Zutaten für ca. 25 Stücke:

- 450 g Mehl
- 2 Päckchen Vanillin-Zucker
- 200 g + 300 g Zucker
- 1 Prise Salz
- 35 g Kakao
- 1 Päckchen Backpulver
- 275 g + 125 g Butter/Margarine
- 8 Eier (Gr. M)
- 2 Gläser (à 720 ml) Kirschen
- 1,5 kg Magerquark
- 1½ Päckchen (50 g) Puddingpulver „Vanille-Geschmack" (für je ½ l Milch; zum Kochen)
- Fett für die Fettpfanne
- Mehl für die Arbeitsfläche
- Sahnetuffs und Kakao zum Verzieren

1. Für den Mürbeteig Mehl, 1 Päckchen Vanillin-Zucker, 200 g Zucker, Salz, Kakao und Backpulver mischen. 275 g weiches Fett und 2 Eier zufügen. Mit den Knethaken des Handrührgerätes zu einem glatten Teig verkneten. Ca. 30 Minuten kalt stellen.

2. Für die Quarkmasse 125 g Fett schmelzen. Kirschen gut abtropfen lassen. Quark, 300 g Zucker, 1 Päckchen Vanillin-Zucker, 6 Eier, Puddingpulver und 125 g Fett verrühren.

3. Eine Fettpfanne (ca. 32 x 39 cm) fetten. Ca. ¾ des Teiges auf etwas Mehl in Fettpfannengröße ausrollen und gleichmäßig in die Fettpfanne drücken. Kirschen, bis auf ca. 25 Stück zum Verzieren, darauf verteilen. Quarkmasse daraufstreichen. Rest Teig in Stücke zupfen und auf der Masse verteilen.

4. Kuchen im vorgeheizten Backofen (E-Herd: 175 °C / Umluft: 150 °C / Gas: Stufe 2) 50–60 Minuten backen. Auskühlen lassen. Kuchen mit Sahnetuffs und den restlichen Kirschen verzieren. Mit Kakao bestäuben.

Zubereitungszeit ca. 1½ Std.
(ohne Wartezeit).
Pro Stück ca. 380 kcal / 1590 kJ.

Käse-Streusel-Torte mit Apfel

Zutaten für ca. 16 Stücke:

- 225 g + 2 EL Mehl
- 125 g + 125 g Zucker
- 2 Päckchen Vanillin-Zucker
- 125 g + 150 g Butter/Margarine
- Fett für die Form
- 1 Glas (355 ml) Apfelkompott
- 2 Eier (Gr. M)
- Schale und Saft von 1 unbehandelten Zitrone
- 500 g Magerquark
- 1 Päckchen Puddingpulver „Vanille-Geschmack" (für ½ l Milch; zum Kochen)
- 1 EL Puderzucker

1. Für den Streuselteig 225 g Mehl, 125 g Zucker und 1 Päckchen Vanillin-Zucker in einer Schüssel mischen.

125 g Fett schmelzen und darübergießen. Alle Zutaten mit den Knethaken des Handrührgerätes zu Streuseln verarbeiten. 2 EL Mehl über die Streusel streuen und in der Schüssel gut durchschütteln.

2. Eine Springform (26 cm Ø) gut einfetten, ⅔ der Streusel hineingeben und gleichmäßig auf dem Springformboden andrücken.

Apfelkompott daraufgeben und gleichmäßig auf den Teig streichen.

3. 150 g weiches Fett schaumig rühren. 125 g Zucker und 1 Päckchen Vanillin-Zucker, Eier, Zitronenschale und -saft zufügen und cremig rühren. Quark und Puddingpulver unterrühren. Quarkmasse auf das Kompott streichen. Rest Streusel als breiten Rand daraufstreuen.

4. Im vorgeheizten Backofen (E-Herd: 200 °C / Umluft: 175 °C / Gas: Stufe 3) 45–50 Minuten backen. Etwas abkühlen lassen und aus der Form lösen. Auskühlen lassen und mit Puderzucker bestäuben.

Zubereitungszeit ca. 1½ Std. (ohne Wartezeit).
Pro Stück ca. 320 kcal / 1340 kJ.

Käsekuchen

New Yorker Cheese Cake

Zutaten für ca. 16 Stücke:

- 200 g + 2 EL (25 g) Mehl
- 125 g + 75 g Butter/Margarine
- 50 g + 100 g Zucker
- 3 Eigelb (Gr. M)
- abgeriebene Schale von je 1 unbehandelten Zitrone und Orange
- Fett für die Form
- 1 Päckchen Vanillin-Zucker
- 800 g Doppelrahm-Frischkäse
- 5 EL Milch
- 3 Eier (Gr. M)
- 1 EL Puderzucker

1. Für den Mürbeteig 200 g Mehl, 125 g kaltes Fett in Stückchen, 50 g Zucker, 1 Eigelb und je die Hälfte der Zitronen- und Orangenschale ver-kneten. Den Teig zugedeckt minde-stens 1 Stunde kühl stellen.

2. Hälfte Teig auf einem gefetteten Springformboden (24 oder 26 cm Ø) ausrollen. Springformrand um den Boden legen. Boden mehrmals einste-chen. Im vorgeheizten Backofen (E-Herd: 200 °C / Umluft: 175 °C/ Gas: Stufe 3) ca. 15 Minuten vor-backen. Auskühlen lassen.

3. 75 g Fett, 100 g Zucker und Vanil-lin-Zucker mit den Schneebesen des Handrührgerätes schaumig rühren. Frischkäse, Milch, übrige Zitronen- und Orangenschale unterrühren. Eier, 2 Eigelb und 2 EL (25 g) Mehl unterziehen.

4. Restlichen Teig zu einem Streifen von ca. 12 x 35 cm ausrollen. Längs halbieren und an den Springformrand drücken. Käsemasse einfüllen. Im vor-geheizten Backofen (E-Herd: 200 °C/ Umluft: 175 °C / Gas: Stufe 3) 10 Minu-ten backen, dann 1½–1¾ Stunden bei (E-Herd: 150–175 °C / Umluft: 125–150 °C / Gas: Stufe 1–2) backen. Abkühlen lassen. Ca. 2 Stunden kalt stellen. Mit Puderzucker bestäuben.

Zubereitungszeit ca. 2½ Std.
Wartezeit ca. 3 Std.
Pro Stück ca. 370 kcal / 1550 kJ.

Käse-Sahne-Torte „Tutti frutti"

Zutaten für ca. 12 Stücke:

- 100 g Butter/Margarine
- 75 g + 100 g + 2 EL Zucker
- 1 Päckchen Vanillin-Zucker
- 2 Eier (Gr. M)
- 100 g Mehl
- 1 TL Backpulver
- 4 EL Milch
- 2 TL unbehandelte Zitronenschale (gibt's gerieben zu kaufen)
- Fett für die Form
- 750 g Magerquark
- 2 Päckchen Dessert-Soße „Vanille-Geschmack" (für je ¼ l Flüssigkeit; ohne Kochen)
- 250 g Schlagsahne
- ca. 800 g Früchte, z. B. Ananas und Pfirsiche (Dose), Erdbeeren, Kiwi, Banane und evtl. Karambole
- 1 Päckchen klarer Tortenguß (für ¼ l Flüssigkeit)

1. Fett, 75 g Zucker und Vanillin-Zucker cremig rühren. Eier einzeln unterrühren. Mehl und Backpulver mischen, mit Milch und Zitronenschale einrühren. In eine gefettete Springform (26 cm Ø) streichen. Im heißen Backofen (E-Herd: 200 °C/ Umluft: 175 °C / Gas: Stufe 3) ca. 20 Minuten backen. Auskühlen lassen.

2. Quark, Soßenpulver und 100 g Zucker verrühren. Sahne steif schlagen, unterheben. Formrand um den Boden legen. Quarkmasse auf den Boden streichen. 4 Stunden kühlen.

3. Dosenfrüchte abtropfen, Saft auffangen. Früchte kleinschneiden. Erdbeeren waschen, putzen und hal-bieren. Kiwi und Banane schälen. Karambole, Kiwi und Banane in Scheiben schneiden. Saft mit Wasser auf ¼ l auffüllen, mit Gußpulver und 2 EL Zucker aufkochen. Etwas Guß auf den Quark geben. Alle Früchte darauflegen. Rest Guß darüber verteilen. Torte 1–2 Stunden kühlen.

Zubereitungszeit ca. 1¼ Std.
Wartezeit 6–8 Std.
Pro Stück ca. 360 kcal / 1510 kJ.

EXTRA-TIP

Falls Sie keine frischen Früchte haben, können Sie auch nur Dosenfrüchte verwenden. Zum Beispiel 1 Dose (850 ml) Cocktail-Früchte und 1 Dose (236 ml) Ananasscheiben.

Käsekuchen

Gebackener Käsekuchen

Zutaten für ca. 12 Stücke:

- 150 g Mehl
- 1 Msp. Backpulver
- 75 g + 75 g Butter/Margarine
- 50 g + 150 g Zucker
- 1 Päckchen Vanillin-Zucker
- 1 Prise Salz
- 5 Eier (Gr. M)
- Fett und Mehl für die Form
- 100 g Rosinen
- 1 Päckchen unbehandelte Zitronen-schale (gibt's gerieben zu kaufen)
- 750 g Magerquark
- 125 g Schlagsahne
- 2 gehäufte EL Speisestärke
- 2 EL Puderzucker

1. Für den Mürbeteig Mehl, Back-pulver, 75 g kaltes Fett in Stückchen, 50 g Zucker, Vanillin-Zucker, Salz und 1 Ei zu einem glatten Teig verkneten. Ca. 30 Minuten kühlen.

2. Boden einer Springform (26 cm Ø) fetten und mit Mehl bestäuben. Teig darauf ausrollen und mehrmals mit einer Gabel einstechen. Spring-formrand um den Boden legen. Im vorgeheizten Backofen (E-Herd: 200 °C / Umluft: 175 °C / Gas: Stufe 3) ca. 15 Minuten backen. Kuchen aus-kühlen lassen.

3. Rosinen waschen, trockentupfen. 4 Eier trennen. 75 g weiches Fett und 150 g Zucker cremig rühren. Eigelb und Zitronenschale unterrühren. Quark, Sahne und Stärke unterrühren. Eiweiß steif schlagen und mit Rosinen unter den Quark heben. Auf den Boden füllen und glattstreichen.

4. Kuchen im vorgeheizten Backofen (E-Herd: 175 °C / Umluft: 150 °C/ Gas: Stufe 2) ca. 1¼ Stunden backen. Auf ein Kuchengitter stürzen und so umgedreht auskühlen lassen. Kuchen vor dem Servieren umdrehen und mit Puderzucker bestäuben.

Zubereitungszeit ca. 2 Std. (ohne Wartezeit). Pro Stück ca. 360 kcal / 1510 kJ.

EXTRA-TIP

Für den Käsekuchen können Sie anstelle von Rosinen auch getrocknete Aprikosen, Datteln oder Feigen verarbeiten.

Käse-Sahne-Torte mit Himbeeren

Zutaten für ca. 16 Stücke:

- 100 g Mehl
- 50 g Butter/Margarine
- 25 g + 75 g Puderzucker
- 8 Blatt weiße Gelatine
- 3 Eier (Gr. M)
- 500 g Magerquark
- 3 EL Zitronensaft
- 100 g gemahlene Mandeln
- 200 g Schlagsahne
- 5 EL Himbeer- oder rotes Johannisbeer-Gelee
- 200 g Löffelbiskuits
- 150 g TK-Himbeeren

1. Mehl, kaltes Fett in Stückchen, 25 g Puderzucker und 2 EL kaltes Wasser zu einem glatten Teig verkneten. Zugedeckt ca. 1 Stunde kalt stellen.

2. Teig auf einem Springformboden (26 cm Ø) ausrollen. Mit einer Gabel mehrmals einstechen. Springformrand um den Boden legen. Im vorgeheizten Backofen (E-Herd: 200 °C/ Umluft: 175 °C / Gas: Stufe 3) ca. 15 Minuten backen. Den Boden auf dem Formboden auskühlen lassen.

3. Gelatine in kaltem Wasser einweichen. Eier trennen. Eigelb und 75 g Puderzucker schaumig schlagen. Quark, Zitronensaft und Mandeln unterrühren. Gelatine ausdrücken, auflösen und unterrühren. Kalt stellen, bis die Masse zu gelieren beginnt.

4. Eiweiß und Sahne getrennt steif schlagen und unter den Quark heben. 2 EL Gelee auf den Boden streichen. Hälfte Biskuits darauflegen. Hälfte Creme darauf verteilen. 2 EL Gelee

darauf verstreichen, mit Rest Biskuits belegen und übrige Creme daraufstreichen. Ca. 4 Stunden kalt stellen.

5. Himbeeren auftauen lassen. 1 EL Gelee erwärmen. Die Torte mit Beeren bestreuen und mit Gelee überziehen. Ca. 1 Stunde kalt stellen.

Zubereitungszeit ca. 1 Std.
Wartezeit ca. 6 Std.
Pro Stück ca. 220 kcal / 920 kJ.

EXTRA-TIP

Die Torte können Sie auch schon einen Tag vorher zubereiten. Allerdings sollten Sie dann die Himbeeren mit Gelee erst kurz vor dem Servieren auf die Quarkcreme geben.

Käsekuchen

Saftiger Quark-Kirsch-Strudel

Zutaten für ca. 16 Stücke:

- 250 g Mehl
- 1 Prise Salz
- 50 g + 25 g + 75 g Butter/Margarine
- 1 TL Öl
- 500 g Magerquark
- 75 g Zucker
- 1 Päckchen Vanillin-Zucker
- 3 Eier (Gr. M)
- abgeriebene Schale von
  1 unbehandelten Zitrone
- 1 Glas (720 ml) Kirschen
- 50 g Paniermehl
- Backpapier

1. Mehl, Salz, ⅛ l lauwarmes Wasser und 50 g zerlassenes Fett verkneten. Teig durcharbeiten und so lange auf die Tischplatte schlagen, bis er geschmeidig ist. Mit Öl bestreichen und unter einer angewärmten Schüssel ca. 30 Minuten ruhenlassen.

2. Quark gut abtropfen lassen. 25 g Fett, Zucker, Vanillin-Zucker und Eier cremig rühren. Quark und Zitronenschale unterrühren. Kirschen auf einem Sieb gut abtropfen lassen.

3. Teig auf einem bemehlten Küchentuch zu einem Rechteck (ca. 30 x 40 cm) ausrollen. Dann über die Handrücken dünn „ausziehen". 75 g Fett zerlassen. Teig mit ⅔ Fett einstreichen. Mit Paniermehl bestreuen. Quark und Kirschen darauf verteilen. Teigkanten einschlagen und von der langen Seite her aufrollen.

4. Strudel auf ein mit Backpapier ausgelegtes Backblech legen. Mit restlichem Fett bestreichen. Im vorgeheizten Backofen (E Herd: 225 °C / Umluft: 200 °C / Gas: Stufe 4) 35–40 Minuten backen. Dazu paßt Schlagsahne.

Zubereitungszeit ca. 1¾ Std.
(ohne Wartezeit).
Pro Stück ca. 250 kcal / 1050 kJ.

Aprikosen-Käse-Torte mit Amarettini

Zutaten für ca. 12 Stücke:

- 100 g Butter/Margarine
- 100 g + 160 g + 40 g Zucker
- 2 Eier (Gr. M)
- 125 g Mehl, 1 TL Backpulver
- Fett für die Form
- 1 Dose (850 ml) Aprikosen
- 8 Blatt weiße Gelatine
- 500 g Magerquark
- 150 g stichfeste saure Sahne
- 2 TL unbehandelte Orangenschale (gibt's gerieben zu kaufen)
- 1 EL Zitronensaft
- 250 g Schlagsahne
- 50 g Amarettini (kleine ital. Mandelmakronen)
- 1 Päckchen klarer Torteguß (für ¼ l Flüssigkeit)

1. Für den Rührteig weiches Fett und 100 g Zucker cremig rühren. Eier einzeln unterrühren. Mehl und Backpulver mischen, unterrühren. Springform (26 cm Ø) fetten und Teig einfüllen. Im vorgeheizten Backofen (E-Herd: 200 °C / Umluft: 175 °C/ Gas: Stufe 3) ca. 20 Minuten backen. Auskühlen lassen.

2. Für die Käsemasse Aprikosen abtropfen lassen, Saft dabei auffangen. Aprikosen kleinschneiden. Gelatine in kaltem Wasser einweichen. Quark, saure Sahne, 160 g Zucker, Orangenschale und Zitronensaft verrühren.

3. Gelatine ausdrücken, auflösen und erst mit etwas Quarkmasse verrühren. Dann unter die restliche Quarkmasse rühren. Quarkmasse kalt stellen, bis sie zu gelieren beginnt. Sahne steif schlagen. Mit je Hälfte Aprikosen und Amarettini unter die gelierende Quarkmasse heben. Um den Boden einen Springformrand legen. Quarkmasse auf den Boden verteilen und glattstreichen. Restliche Aprikosen darauf verteilen.

4. Gußpulver, 40 g Zucker und ¼ l Aprikosensaft verrühren, aufkochen. Etwas abkühlen lassen. Guß über die Torte gießen. Torte 4–5 Stunden kalt stellen, dann mit restlichen Amarettini verzieren.

Zubereitungszeit ca. 1 Std.
Wartezeit 4–5 Std.
Pro Stück ca. 400 kcal / 1680 kJ.

Die besten vom Blech

Bunte Obstschnitten

Zutaten für ca. 20 Stücke:

- 250 g Butter/Margarine
- 175 g + 150 g + 40 g Zucker
- 4 Eier (Gr. M)
- 300 g Mehl, ½ P. Backpulver
- 5 EL Milch
- Fett für das Backblech
- 250 g Schlagsahne
- 8 Blatt weiße Gelatine
- 1 kg Magerquark
- 1 Päckchen Vanillin-Zucker
- abgeriebene Schale und Saft von 1 unbehandelten Zitrone
- 2 Dosen (à 850 ml) Pfirsiche
- 1 Glas (370 ml) Kirschen
- 5 Kiwis
- 2 Päckchen klarer Tortenguß (für je ¼ l Flüssigkeit)
- Sahne, Mandeln und Schoko- dekor zum Verzieren

1. Fett und 175 g Zucker cremig rühren. Eier einzeln unterrühren. Mehl und Backpulver mischen und mit Milch unterrühren. Teig auf ein gefettetes Backblech (ca. 35 x 40 cm) streichen. Im vorgeheizten Backofen (E-Herd: 200 °C / Umluft: 175 °C / Gas: Stufe 3) 20–30 Minuten backen. Auskühlen lassen.

2. Sahne steif schlagen. Gelatine kalt einweichen. Quark, 150 g Zuk- ker, Vanillin-Zucker und Zitronen- schale und -saft verrühren. Gela- tine ausdrücken, auflösen und unterrühren. Kalt stellen, bis die Quarkmasse zu gelieren beginnt. Sahne unterheben. Auf den Boden streichen. Ca. 4 Stunden kühlen.

3. Obst abtropfen, Pfirsichsaft auf- fangen. Kiwis schälen, in Scheiben schneiden. Erst Pfirsiche, dann Kirschen und zuletzt Kiwis auf den Quark legen. Saft mit Wasser auf ½ l auffüllen. Gußpulver und 40 g Zucker zufügen, aufkochen. Auf das Obst gießen. Ca. 1 Stunde kühlen. Obstschnitten verzieren.

Zubereitungszeit ca. 1½ Std.
Wartezeit ca. 5 Std.
Pro Stück ca. 370 kcal / 1550 kJ.

Kuchen

Vielseitig, praktisch & gut

Blechkuchen

Aprikosenkuchen mit Nußhaube

Zutaten für ca. 24 Stücke:

- 300 g Mehl
- 5 Eier (Gr. M)
- 200 g Butter/Margarine
- 100 g + 50 g + 275 g Zucker
- Mehl für das Blech
- 3 Dosen (à 850 ml) Aprikosen
- 300 g stichfeste saure Sahne
- 5 EL Milch
- 50 g + 275 g Zucker
- 5 EL Zitronensaft
- 75 g gemahlene Haselnüsse

1. Für den Mürbeteig Mehl in eine Schüssel füllen. Eier trennen. 1 Eigelb in die Mitte geben. Kaltes Fett in Stückchen und 100 g Zucker auf dem Rand verteilen. Alles glatt verkneten. Zugedeckt ca. 30 Minuten kalt stellen

2. Mürbeteig auf einem bemehltem Backblech (ca. 35 x 40 cm) ausrollen. Mit einer Gabel mehrmals einstechen. Im vorgeheizten Backofen (E-Herd: 200 °C / Umluft: 175 °C / Gas: Stufe 3) ca. 15 Minuten vorbacken.

3. Aprikosen auf einem Sieb abtropfen lassen und auf dem Teig verteilen. Sahne, Milch, 50 g Zucker, 3 Eigelb, 1 ganzes Ei und Zitronensaft verrühren und über die Aprikosen gießen. Im vorgeheizten Backofen (E- Herd : 175 °C / Umluft: 150 °C / Gas: Stufe 2) weitere 40 Minuten backen.

4. 4 Eiweiß steif schlagen, dabei 275 g Zucker einrieseln lassen. Nüsse unterheben. Auf den Kuchen streichen. Unter dem Grill oder im Backofen bei höchster Stufe ca. 5 Minuten goldbraun backen.

Zubereitungszeit ca. 1¾ Std.
(ohne Wartezeit).
Pro Stück ca. 320 kcal / 1340 kJ.

Thüringer Schmandkuchen

Zutaten für ca. 24 Stücke:

Für die Vanillecreme:
- 575 ml Milch, 180 g Schlagsahne
- 75 g Zucker, 1 Prise Salz
- Mark von 1 Vanilleschote
- 3 Eigelb (Gr. M), 45 g Speisestärke

Für die Schmandmasse:
- 600 g Schmand oder Crème fraîche
- 4 Eier (Gr. M), 6 Eigelb (Gr. M)
- 150 g Butter, 1 Prise Salz
- 120 g Schichtkäse (40 % Fett)
- 90 g Speisestärke

Für den Quark-Öl-Teig:
- 1 Ei (Gr. M), 375 g Magerquark
- 1 Päckchen Vanillin-Zucker
- 75 g Zucker, 1 Prise Salz
- 6 EL Milch, 6 EL Öl
- 375 g Mehl, 1 Päckchen Backpulver

Für den Guß:
- 60 g Butter, 3 Eigelb (Gr. M)
- 50 g Zucker, 50 g Puderzucker

1. Vanillecreme: 450 ml Milch, Sahne, Zucker, Salz und Vanillemark unter Rühren aufkochen. 125 ml Milch, Eigelb und Stärke verquirlen. Milch vom Herd nehmen. Eier-Milch einrühren, unter Rühren erwärmen, bis sie andickt. Kalt stellen.

2. Schmandmasse: Schmand, Eier, Eigelb, weiche Butter, 1 Prise Salz, Schichtkäse und Stärke verrühren.

3. Teig: Ei, Quark, Vanillin-Zucker, Zucker, 1 Prise Salz, Milch und Öl verrühren. Mehl und Backpulver mischen, auf die Quarkmasse geben und alles verkneten.

4. Teig auf eine gefettete Fettpfanne (ca. 32 x 39 cm) verteilen. Vanillecreme und Schmandmasse verrühren, auf den Teig streichen. Kuchen auf der untersten Schiene im vorgeheizten Ofen (E-Herd: 175 °C / Umluft: 150 °C/ Gas: Stufe 2) 50–60 Minuten backen.

5. Guß: Butter schmelzen. Eigelb und Zucker glattrühren, unter die leicht abgekühlte Butter rühren. Guß ca. 12 Minuten vor Ende der Backzeit auf den Kuchen streichen. Auskühlen lassen. Mit Puderzucker bestäuben.

Zubereitungszeit ca. 1¾ Std.
Pro Stück ca. 320 kcal / 1340 kJ.

Blechkuchen

Zitronen-Schoko-Kuchen

Zutaten für ca. 30 Stücke:

- 250 g Butter/Margarine
- 200 g + 75 g Zucker
- 1 Päckchen Vanillin-Zucker
- 1 Prise Salz
- abgeriebene Schale und Saft von 2 unbehandelten Zitronen
- 4 Eier (Gr. M)
- 325 g Mehl
- ½ Päckchen Backpulver
- 6 EL Milch
- Fett für das Backblech
- 375 g Halbbitter-Kuvertüre
- 50 g Mandelblättchen
- 30 g Hagelzucker
- Holzspießchen

1. Für den Rührteig weiches Fett, 200 g Zucker, Vanillin-Zucker, Salz und Zitronenschale mit den Schneebesen des Handrührgerätes schaumig rühren. Eier nacheinander unterrühren. Mehl und Backpulver mischen und im Wechsel mit der Milch nach und nach unterrühren.

2. Teig auf ein gefettetes Backblech (ca. 35 x 40 cm) geben und glattstreichen. Im vorgeheizten Backofen (E-Herd: 200 °C / Umluft: 175 °C/ Gas: Stufe 3) 15–20 Minuten backen. Kuvertüre hacken, im heißen Wasserbad schmelzen. Auskühlen.

3. 75 g Zucker unter Rühren im Zitronensaft auflösen. Kuchen kurz abkühlen lassen. Mehrmals mit einem Holzspießchen einstechen und gleichmäßig mit der Saftmischung beträufeln. Mandelblättchen in einer trockenen Pfanne goldbraun rösten und abkühlen lassen.

4. Kuvertüre wieder erwärmen. Auf den Zitronenkuchen gießen und gleichmäßig verstreichen. Evtl. mit einem Tortenkamm ein wellenförmiges Muster ziehen. Kuchen mit Mandelblättchen und Hagelzucker bestreuen. Trocknen lassen.

Zubereitungszeit ca. 1 Std.
(ohne Wartezeit).
Pro Stück ca. 230 kcal / 960 kJ.

Joghurt-Himbeer-Schnitten

Zutaten für ca. 12 Stücke:

- 3 Eier (Gr. M)
- 75 g + 75 g Zucker
- 1 Päckchen Vanillin-Zucker
- 75 g Mehl
- 25 g Speisestärke
- 40 g Butter/Margarine
- Backpapier, Alufolie
- 12 Blatt weiße Gelatine
- 1 unbehandelte Zitrone
- 450 g Vollmilch-Joghurt
- 400 g + 100 g Schlagsahne
- 250 g TK-Himbeeren
- ⅜ l Kirschsaft
- 12 „Schoko Dessert-Dekor-Blättchen" zum Verzieren

1. Eier trennen. Eiweiß steif schlagen. 75 g Zucker und Vanillin-Zucker dabei einrieseln lassen. Eigelb einzeln unterrühren. Mehl und Speisestärke mischen, unterheben. Fett schmelzen und lauwarm unterziehen.

2. Eine ca. 20 x 30 cm große Fläche des Backbleches mit Backpapier auslegen. An die offene Seite eine Schiene aus Alufolie setzen. Teig auf das Backpapier streichen. Im vorgeheizten Backofen (E-Herd: 200 °C/ Umluft: 175 °C / Gas: Stufe 3) ca. 15 Minuten backen. Auskühlen lassen.

3. 7 Blatt Gelatine kalt einweichen. Zitrone heiß waschen, trockenreiben. Schale abreiben und den Saft auspressen. Beides mit Joghurt und 75 g Zucker verrühren. 400 g Sahne steif schlagen. Gelatine ausdrücken und auflösen. Mit etwas Joghurt verrühren. Dann in die restliche Joghurt-Creme rühren. Creme kalt stellen, bis sie zu gelieren beginnt. Sahne unterheben.

4. Aus Alufolie einen stabilen ca. 1 m langen und 7 cm breiten Streifen falten. Als Rahmen um den Teig legen. Beeren, bis auf 12, auf dem Teig verteilen. Joghurt-Sahne daraufstreichen. Mindestens 2 Stunden kalt stellen.

5. 5 Blatt Gelatine kalt einweichen, ausdrücken und auflösen. In den Kirschsaft rühren. Kalt stellen. Sobald der Saft fest zu werden beginnt, auf die Joghurt-Sahne gießen. Ca. 3 Stunden kalt stellen. 100 g Sahne steif schlagen. Kuchen in 5 x 10 cm große Stücke schneiden und verzieren.

Zubereitungszeit ca. 1¾ Std.
Wartezeit mind. 5 Std.
Pro Stück ca. 350 kcal / 1470 kJ.

Blechkuchen

Gedeckter Apfel-Vanille-Kuchen

Zutaten für ca. 20 Stücke:

- 500 g Mehl
- 50 g + 125 g + 3 EL Zucker
- 50 g + 25 g Butter/Margarine
- ¼ l + ½ l Milch
- 1 Würfel (42 g) frische Hefe
- 1 Ei (Gr. M)
- 2 kg säuerliche Äpfel
- 100 ml Apfelsaft
- Saft von 1 Zitrone
- Fett für die Fettpfanne
- 1 Päckchen Puddingpulver „Vanille-Geschmack" (für ½ l Milch; zum Kochen)
- 60 g Mandelstifte

1. Mehl und 50 g Zucker mischen. 50 g Fett schmelzen, ¼ l Milch zugießen und Hefe darin auflösen. Zum Mehl gießen, Ei zufügen und alles zu einem glatten Teig verkneten. Zugedeckt an einem warmen Ort 30–40 Minuten gehen lassen.

2. Äpfel schälen, entkernen und in Scheiben schneiden. Apfelscheiben in Apfel- und Zitronensaft mit 125 g Zucker ca. 7 Minuten dünsten. Etwas abkühlen lassen.

3. Teig durchkneten und halbieren. Hälften in Größe der Fettpfanne des Backofens (ca. 35 x 40 cm) ausrollen. 1 Hälfte auf die gefettete Fettpfanne legen, Kompott darauf verteilen und mit der 2. Hälfte bedecken. Nochmals 10–15 Minuten gehen lassen.

4. Puddingpulver, 2 EL Milch und 1 EL Zucker glattrühren. Rest Milch aufkochen, Puddingpulver einrühren und wieder aufkochen. Etwas abkühlen lassen. Mulden in den Teigdeckel drücken und den Pudding hineinfüllen. Mit Mandeln und 2 EL Zucker bestreuen. 25 g Fett in Flöckchen darauf verteilen. Im vorgeheizten Backofen (E-Herd: 200 °C / Umluft: 175 °C/ Gas: Stufe 3) ca. 25 Minuten backen.

Zubereitungszeit ca. 2½ Std.
Pro Stück ca. 280 kcal / 1170 kJ.

Blechkuchen

Schoko-Nuß-Bienenstich

Zutaten für ca. 24 Stücke:

- 200 g Zartbitter-Schokolade
- 160 g + 150 g Butter/Margarine
- 160 g + 2 EL Zucker
- 3 Päckchen Vanillin-Zucker
- 1 Prise Salz
- 7 Eier (Gr. M)
- 400 g gemahlene Haselnüsse
- 2 TL Backpulver
- 9 EL Amaretto-Likör
- Fett und Mehl für die Fettpfanne
- 3–4 EL (70 g) Honig
- 150 g + 600 g Schlagsahne
- 300 g Mandelblättchen
- 3 Päckchen Sahnefestiger

1. Für den Rührteig Schokolade fein reiben. 160 g weiches Fett, 160 g Zukker, 1 Päckchen Vanillin-Zucker und Salz schaumig rühren. Eier trennen. Eigelb unterrühren. Schokolade, Nüsse, Backpulver und 4 EL Likör unterrühren. Eiweiß steif schlagen und portionsweise unterheben. Teig auf gefetteter, bemehlter Fettpfanne (ca. 32 x 39 cm) glattstreichen. Im vorgeheizten Backofen (E-Herd: 200 °C/ Umluft: 175 °C / Gas: Stufe 3) ca. 20 Minuten backen.

2. Für den Belag 150 g Fett, Honig, 2 EL Zucker und 150 g Sahne unter Rühren aufkochen, Mandeln unterheben. Auf den Kuchen streichen und weitere 10–15 Minuten bei gleicher Hitze backen. Auskühlen lassen.

3. 600 g Sahne steif schlagen. 2 Päckchen Vanillin-Zucker und Sahnefestiger dabei einrieseln lassen. 5 EL Likör unterrühren. Kuchen vierteln. Jede Platte 1 x quer durchschneiden. Mit Sahne füllen. Vorm Servieren in je 6 Stücke schneiden.

Zubereitungszeit ca. 1¼ Std.
(ohne Wartezeit).
Pro Stück ca. 490 kcal / 2050 kJ.

Ananaskuchen mit Kokos-Kruste

Zutaten für ca. 30 Stücke:

- 250 g + 100 g Butter/Margarine
- 200 g Zucker
- 1 Päckchen Vanillin-Zucker
- 1 Prise Salz
- 4 Eier (Gr. M)
- 500 g Mehl
- 1 Päckchen Backpulver
- ca. ⅛ l Milch
- Fett für das Backblech
- 1 Dose (446 ml) Ananasraspel oder 1 Dose (580 ml) Ananasstücke
- 200 g Kokosraspel
- 50 g Pistazienkerne
- 100 g Schlagsahne
- nach Belieben Kirschen, Ananasstücke, Melisse und Zucker-Blümchen zum Verzieren

1. Für den Rührteig 250 g weiches Fett, Zucker, Vanillin-Zucker und Salz schaumig rühren. Eier nacheinander unterrühren. Mehl und Backpulver mischen. Abwechselnd mit der Milch unterrühren.

2. Ein Backblech (ca. 35 x 40 cm) fetten. Teig gleichmäßig daraufstreichen. 100 g Fett schmelzen. Ananas abtropfen lassen, den Saft dabei auffangen. Kokos- und Ananasraspel (Ananasstücke etwas kleinschneiden oder hacken) mit 8 EL Saft in das Fett rühren. Kokos-Ananas-Masse gleichmäßig auf den Teig streichen.

3. Im vorgeheizten Backofen (E-Herd: 200 °C / Umluft: 175 °C / Gas: Stufe 3) 40–45 Minuten backen. Evtl. ca. 10 Minuten vor Ende der Backzeit abdecken. Kuchen auskühlen lassen.

4. Pistazien hacken. Sahne steif schlagen. Kuchen mit Sahnetuffs, Pistazien und evtl. mit Kirschen, Ananas, Melisse und Zucker-Blümchen verzieren.

Zubereitungszeit ca. 1¼ Std. (ohne Wartezeit).
Pro Stück ca. 250 kcal / 1050 kJ.

EXTRA-TIP

Falls ein ganzer Blechkuchen für Sie zuviel ist, frieren Sie eine Hälfte doch gleich ein. Nach dem Auskühlen den Kuchen in Stücke schneiden. Ganz nach Belieben portionsweise in Alufolie wickeln und einfrieren.

Blechkuchen

Aprikosen-Schnitten nach Konditor-Art

Zutaten für ca. 24 Stücke:

- 300 g + 100 g Mehl
- 100 g + 125 g Zucker
- Salz
- 2 Päckchen Vanillin-Zucker
- 6 Eier (Gr. M)
- 200 g Butter/Margarine
- Fett für die Fettpfanne
- 200 g Johannisbeer-Gelee oder Kirsch-Konfitüre
- 2 Dosen (à 850 ml) Aprikosen
- 1 TL Backpulver
- 50 g Speisestärke
- 2 EL Hagelzucker
- 100 g Schlagsahne

1. 300 g Mehl, 100 g Zucker, 1 Prise Salz, 1 Vanillin-Zucker, 1 Ei und Fett verkneten. Ca. 30 Minuten kalt stellen.

2. Mürbeteig auf einer gefetteten Fettpfanne (ca. 32 x 39 cm) ausrollen.

Im vorgeheizten Backofen (E-Herd: 200 °C / Umluft: 175 °C / Gas: Stufe 3) ca. 12 Minuten backen. Gelee oder Konfitüre glattrühren und auf den heißen Boden streichen. Aprikosen abtropfen lassen.

3. Für den Biskuit 5 Eier trennen. Eiweiß und 5 EL kaltes Wasser steif schlagen, dabei 125 g Zucker, 1 Päckchen Vanillin-Zucker und 1 Prise Salz zufügen. Eigelb unterschlagen. 100 g Mehl, Backpulver und Stärke mischen, unterheben.

4. Biskuit auf den Boden streichen und mit Aprikosen belegen. Im Backofen bei gleicher Temperatur 20–25 Minuten backen. Mit Hagelzucker bestreuen. Auskühlen lassen. Kuchen in Stücke schneiden. Sahne steif schlagen und in einen Spritzbeutel mit Sterntülle füllen. Aprikosen-Schnitten mit Sahnetuffs verzieren.

Zubereitungszeit ca. 1½ Std. (ohne Wartezeit).
Pro Stück ca. 260 kcal / 1090 kJ.

Sächsischer Kleckselkuchen

Zutaten für ca. 30 Stücke:

- 50 g + 50 g + 100 g Butter/Margarine
- ½ Würfel (20 g) frische Hefe
- 375 g + 50 g + 200 g Mehl
- 50 g + 100 g + 75 g + 75 g Zucker
- Salz
- 200 g Löffelbiskuits
- 175 g gemahlener Mohn
- 4 Eier (Gr. M)
- 500 g Magerquark
- 2 Tropfen Butter-Vanille-Aroma
- Saft von ½ Zitrone
- Fett für das Backblech
- 200 g Erdbeer–Konfitüre

1. Für den Hefeteig 50 g Fett schmelzen. Hefe zerbröckeln und in 200 ml lauwarmem Wasser auflösen. 375 g Mehl, 50 g Zucker und 1 Prise Salz in einer Schüssel mischen. Zerlassenes Fett und Hefewasser zugießen. Alles zu einem glatten Teig verkneten. Zugedeckt an einem warmen Ort ca. 30 Minuten gehen lassen.

2. Für die Mohncreme 250 ml Wasser und 100 g Zucker aufkochen lassen. Löffelbiskuits fein zerdrücken. Biskuitbrösel und Mohn in einer Schüssel mischen. Mit Zuckerwasser übergießen. 50 g Fett und 2 Eier unterrühren. Etwas abkühlen lassen.

3. Für die Quarkcreme Magerquark, 75 g Zucker, 50 g Mehl und 2 Eier glattrühren.

4. Für den Streuselteig 200 g Mehl, 75 g Zucker und 1 Prise Salz mischen. 100 g Fett schmelzen. Mit Vanille-Aroma und Zitronensaft zur Mehl- mischung gießen. Alle Zutaten zu Streuseln verarbeiten.

5. Hefeteig durchkneten. Auf einem gefetteten Backblech (ca. 35 x 40 cm) ausrollen. Zugedeckt ca. 10 Minuten gehen lassen. Abwechselnd Mohn- und Quarkcreme mit einem Löffel dia- gonal in Streifen auf den Teig geben. Konfitüre und Streusel darüber vertei- len. Im vorgeheizten Backofen (E-Herd: 200 °C / Umluft: 175 °C/ Gas: Stufe 3) ca. 30 Minuten backen. Auskühlen lassen. Dazu paßt Schlagsahne.

Zubereitungszeit ca. 1½ Std.
Pro Stück ca. 250 kcal / 1050 kJ.

Russischer Zupfkuchen mit Aprikosen

Zutaten für ca. 16 Stücke:

- 300 g Mehl
- 125 g + 200 g Zucker
- 3–4 EL Kakao, 1 Prise Salz
- 1 gestr. TL Backpulver
- 1 Fläschchen Butter-Vanille-Aroma
- 5 Eier (Gr. M)
- 200 g + 100 g Butter/Margarine
- Fett für die Form
- 1 Dose (850 ml) Aprikosen
- 1 kg Magerquark
- 2 Päckchen Vanillin-Zucker
- 1 Päckchen Puddingpulver „Vanille-Geschmack" (für ½ l Milch; zum Kochen)
- 100 g Schlagsahne
- 1 TL Puderzucker
- 1 EL Schokoladenraspel

1. Mehl, 125 g Zucker, Kakao, Salz und Backpulver mischen. Aroma, 1 Ei und 200 g weiches Fett zugeben. Alles glatt verkneten. Ca. 30 Minuten kalt stellen.

2. Springform (26 cm Ø) fetten. ⅓ Teig auf dem Formboden ausrollen. Formrand darumschließen. Übrigen Teig halbieren. Eine Hälfte zur Rolle formen, an den Rand legen, ca. 4 cm hochdrücken.

3. Aprikosen abtropfen und, bis auf 8–9 Stück, auf den Teig legen. 100 g Fett schmelzen, abkühlen lassen. Quark, 200 g Zucker, 1 Päckchen Vanillin-Zucker, 4 Eier, Puddingpulver und Fett verrühren. Auf dem Teig glatt verstreichen. Rest Teig ausrollen, in Stücke zupfen und auf dem Belag verteilen. Im vorgeheizten Backofen (E-Herd: 200 °C / Umluft: 175 °C / Gas: Stufe 3) ca. 1 Stunde backen. Auskühlen.

4. Sahne und 1 Vanillin-Zucker steif schlagen. Kuchen mit Sahnetuffs, Rest Aprikosen, Puderzucker und Schokoraspeln verzieren.

Zubereitungszeit ca. 1¾ Std. (ohne Wartezeit).
Pro Stück ca. 400 kcal / 1680 kJ.

mit Tradition

...seit eh und je beliebt

Traditions-Kuchen

Donauwellen mit Schokostückchen

Zutaten für ca. 40 Stücke:

- 250 g + 250 g Butter
- 250 g + 50 g Zucker
- 6 Eier (Gr. M)
- 350 g Mehl, 1 Päckchen Backpulver
- 1 EL Kakao
- 50 g Schokoplättchen
- 1 Glas (720 ml) Sauerkirschen
- Fett für das Backblech
- 1 Päckchen Puddingpulver „Vanille-Geschmack" (für ½ l Milch; zum Kochen)
- ½ l Milch
- 75 g Kokosfett
- je 150 g Halbbitter- und Vollmilchkuvertüre
- evtl. Schlagsahne und Cocktailkirschen zum Verzieren

1. 250 g weiche Butter und 250 g Zucker schaumig schlagen. Eier einzeln unterrühren. Mehl, Backpulver und Kakao mischen, unterrühren. Schokoplättchen unterheben.

2. Kirschen abtropfen lassen. Teig auf ein gefettetes Blech (ca. 35 x 40 cm) streichen. Kirschen auf dem Teig verteilen. Im vorgeheizten Backofen (E-Herd: 175 °C / Umluft: 150 °C / Gas: Stufe 2) ca. 35 Minuten backen. Kuchen auskühlen lassen.

3. Puddingpulver, 50 g Zucker und 6 EL Milch glattrühren. Rest Milch aufkochen. Puddingpulver einrühren, nochmals aufkochen lassen. Pudding auskühlen lassen.

4. 250 g Butter cremig aufschlagen. Pudding eßlöffelweise unterrühren. Buttercreme auf den Kuchen streichen und ca. 4 Stunden kühl stellen, bis die Creme fest ist.

5. Kokosfett und Kuvertüren im heißen Wasserbad schmelzen. Unter Rühren etwas abkühlen lassen und auf den Kuchen streichen. Mit einem Tortenkamm Wellen durch die Kuvertüre ziehen. Kuvertüre ca. 1 Stunde fest werden lassen. Dann den Kuchen in Stücke schneiden und evtl. mit Sahne und Kirschen verzieren.

Zubereitungszeit ca. 1½ Std.
Wartezeit 5–6 Std.
Pro Stück ca. 220 kcal / 920 kJ.

Großherzogin-Luise-Torte

Zutaten für ca. 16 Stücke:

- 100 g Zartbitter-Schokolade
- 5 Eier (Gr. M)
- 80 g + 125 g weiche Butter
- 75 g + 20 g + 30 g Zucker
- 1 Päckchen Vanillin-Zucker
- 1 EL Rum
- 200 g gemahlene Mandeln
- ½ TL Backpulver
- Fett für die Form
- ½ Päckchen Puddingpulver „Schokoladen-Geschmack" (für ½ l Milch; zum Kochen)
- ¼ l Milch
- 100 g dunkle Trüffelpralinen
- 1–2 Riegel weiße Schokolade
- 175 g Halbbitter-Kuvertüre
- ca. 16 Pralinen zum Verzieren

1. Schokolade reiben. Eier trennen. 80 g weiches Fett, 75 g Zucker, Vanillin-Zucker und Rum schaumig rühren. Eigelb einzeln unterrühren. Mandeln, Backpulver und Schokolade mischen, unterrühren. Eiweiß steif schlagen und unterheben.

2. Teig in eine gefettete Springform (26 cm Ø) füllen. Im vorgeheizten Backofen (E-Herd: 175 °C / Umluft: 150 °C / Gas: Stufe 2) ca. 35 Minuten backen. Boden aus der Form lösen und auskühlen lassen.

3. Puddingpulver, 20 g Zucker und 3 EL Milch verrühren. Restliche Milch aufkochen. Puddingpulver einrühren, kurz aufkochen. Auskühlen lassen.

4. Trüffelpralinen in kleine Stücke schneiden. Boden durchschneiden.

125 g Butter cremig rühren. Pudding eßlöffelweise unterrühren. Buttercreme auf den unteren Boden streichen. Trüffelpralinen daraufstreuen. Den 2. Boden darauflegen und andrücken. Ca. 1 Stunde kalt stellen.

5. Schokolade mit einem Sparschäler in Röllchen schneiden. Kuvertüre grob hacken. 30 g Zucker und 6–7 EL Wasser aufkochen. Topf vom Herd nehmen. Kuvertüre zugeben und rühren, bis der Guß glänzt. Torte sofort mit dem Guß rundherum einstreichen. Mit einem Löffel Konturen ziehen. Torte mit den Schokoladenröllchen und Pralinen verzieren. Trocknen lassen und bis zum Servieren kühl stellen.

Zubereitungszeit ca. 1½ Std.
Wartezeit 3–4 Std.
Pro Stück ca. 440 kcal / 1840 kJ.

Traditions-Kuchen

Ungarische Dobos-Torte

Zutaten für ca. 16 Stücke:

- 9 Eier (Gr. M)
- 80 g + 145 g Puderzucker
- Mark von ½ Vanilleschote
- 175 g Mehl
- Fett für die Form
- 1 Päckchen Puddingpulver „Schokoladen-Geschmack" (für ½ l Milch; zum Kochen)
- ½ l Milch
- 40 g + 160 g Zucker
- 20 g + 230 g Butter
- 1 TL Zitronensaft
- 125 g Halbbitter-Kuvertüre

1. Eier trennen. Eigelb, 80 g Puderzucker und Vanillemark schaumig schlagen. Eiweiß steif schlagen, dabei 145 g Puderzucker einrieseln lassen. Erst Mehl, dann Eischnee unter die Eigelbcreme heben. ⅙ des Teiges auf einen gefetteten Springformboden (26 cm Ø) geben und glattstreichen.

2. Im vorgeheizten Backofen (E-Herd: 225 °C / Umluft: 200 °C / Gas: Stufe 4) 5-6 Minuten backen. Sofort vom Boden lösen. Aus dem Teig 5 weitere Böden backen.

3. Puddingpulver, 6 EL Milch und 40 g Zucker verrühren. Restliche Milch aufkochen lassen. Puddingpulver einrühren und aufkochen. Unter öfterem Rühren erkalten lassen.

4. 160 g Zucker, 20 g Butter und Zitronensaft karamelisieren (eventuell etwas abkühlen lassen) und auf einen Boden streichen. Sofort in Tortenstücke schneiden.

5. Kuvertüre schmelzen lassen, auf Zimmertemperatur abkühlen lassen. 230 g Butter schaumig schlagen. Pudding und Kuvertüre eßlöffelweise unterrühren. 5 Böden mit Creme bestreichen und zusammensetzen. Rand mit Creme einstreichen und die Karamel–Tortenstücke rundum auf die Torte setzen.

Zubereitungszeit ca. 1½ Std.
(ohne Wartezeit).
Pro Stück ca. 390 kcal / 1630 kJ.

Schwarzwälder Kirschtorte

Zutaten für ca. 16 Stücke:

- 75 g Butter/Margarine
- 150 g + 50 g Halbbitter-Kuvertüre
- 6 Eier (Gr. M)
- 30 g + 100 g + 20 g Zucker
- 150 g Mehl
- 6 EL Kirschwasser
- 1 Glas (720 ml) Sauerkirschen
- 20 g Speisestärke
- 300 g + 300 g Schlagsahne
- 1 Päckchen Vanillin-Zucker
- 2 Päckchen Sahnefestiger
- Backpapier
- Holzspießchen

1. Fett und 150 g Kuvertüre getrennt im heißen Wasserbad schmelzen. Eier trennen. Eiweiß und 30 g Zucker steif schlagen. Eigelb und 100 g Zucker mit den Schneebesen des Handrühr-gerätes cremig schlagen. Mehl, zerlassenes Fett und Kuvertüre unterrühren. Eischnee unterheben.

2. Teig in eine am Boden mit Back-papier ausgelegte Springform (26 cm Ø) streichen. Im vorgeheizten Backofen (E-Herd: 200 °C / Umluft: 175 °C / Gas: Stufe 3) ca. 25 Minuten backen. Auskühlen lassen und zwei-mal durchschneiden.

3. Böden mit einem Holzspießchen einstechen und mit je 2 EL Kirsch-wasser beträufeln. Kirschen auf einem Sieb abtropfen lassen, dabei den Saft auffangen. Ca. 16 Kirschen beiseite legen. Stärke und 3 EL Saft verrühren. Rest Saft und 20 g Zucker aufkochen lassen. Stärke einrühren und den Saft binden. Kirschen unterheben.

4. Formrand um den 1. Boden legen. Kompott darauf verteilen. Mit 2. Boden abdecken. Ca. 1 Stunde kalt stellen.

5. 300 g Sahne, Vanillin-Zucker und Sahnefestiger steif schlagen. Auf den 2. Boden streichen. Mit dem 3. Boden abdecken. Mindestens 30 Minuten kühl stellen.

6. Von der übrigen Kuvertüre mit einem Sparschäler Späne abziehen. 300 g Sahne steif schlagen. Torte mit ¾ der Sahne einstreichen. Mit Sahnetuffs, restlichen Kirschen und Kuvertürespänen verzieren.

Zubereitungszeit ca. 2 Std.
Wartezeit ca. 3 Std.
Pro Stück ca. 380 kcal / 1590 kJ.

Traditions-Kuchen

Gespickter Mandel-Rehrücken

Zutaten für ca. 15 Stücke:
- 100 g + 150 g Halbbitter-Kuvertüre
- 100 g heller Biskuit
  (Tortenboden oder Törtchen;
  gibt's fertig zu kaufen)
- 150 g Butter/Margarine
- 175 g Zucker
- 1 Päckchen Bourbon-Vanillezucker
- 6 Eier (Gr. M)
- 150 g gemahlene Mandeln
- Fett und Mehl für die Form
- 25 g Kokosfett
- 50 g Mandelstifte

1. 100 g Kuvertüre grob hacken und im heißen Wasserbad schmelzen. Biskuit kleinschneiden und dann mit den Händen fein zerbröseln.

2. Weiches Fett, Zucker und Vanillezucker mit den Schneebesen des Handrührgerätes schaumig rühren. Kuvertüre unterrühren. Eier trennen. Eigelb unter die Masse rühren, mit den Schneebesen ca. 5 Minuten cremig aufschlagen. Gemahlene Mandeln und Biskuitbrösel unterziehen. Eiweiß steif schlagen und portionsweise unterheben.

3. Eine Rehrücken- oder Kastenform (30 cm lang) fetten und mit Mehl ausstreuen. Teig einfüllen. Im vorgeheizten Backofen (E-Herd: 175–200 °C/ Umluft: 150–175°C / Gas: Stufe 2–3) 50–60 Minuten backen. Herausnehmen und kurz ruhenlassen. Kuchen stürzen und abkühlen lassen.

4. 150 g Kuvertüre und Kokosfett grob hacken. Beides im heißen Wasserbad schmelzen. Den Kuchen mit Kuvertüre überziehen, mit Mandelstiften spicken und trocknen lassen.

Zubereitungszeit ca. 1¾ Std.
(ohne Wartezeit).
Pro Scheibe ca. 380 kcal / 1590 kJ.

Malakoff-Torte mit Vanillecreme

Zutaten für ca. 12 Stücke:

- 1 Päckchen Puddingpulver „Vanille-Geschmack" (für ½ l Milch; zum Kochen)
- ½ l Milch
- 50 g Mandelblättchen
- 300 g Löffelbiskuits
- 9 EL Rum
- 250 g Butter
- 50 g Puderzucker
- 30 g gemahlene Mandeln
- 8 Schokoladenblätter

1. Puddingpulver und 6 EL Milch verrühren. Restliche Milch aufkochen. Puddingpulver einrühren, aufkochen und auskühlen lassen. Zwischendurch umrühren, damit sich keine Haut bildet.

2. Mandeln goldbraun rösten. Abkühlen lassen. Tortenring oder Rand einer Springform (22 cm Ø) auf eine Tortenplatte setzen. Eine Schicht Löffelbiskuits auf den Boden legen. 3 EL Rum daraufträufeln.

3. Butter und Puderzucker cremig rühren. Pudding eßlöffelweise zufü-

gen. Gemahlene Mandeln unterrühren. 8 EL Buttercreme in einen Spritzbeutel mit Sterntülle füllen und beiseite legen.

4. Eine dünne Schicht Buttercreme auf die Biskuits streichen. Eine weitere Schicht Biskuits daraufgeben. Mit 3 EL Rum beträufeln und mit Buttercreme bestreichen. Vorgang nochmals wiederholen. Etwa 1 Stunde kalt stellen.

5. Torte vorsichtig aus dem Ring lösen und rundherum glattstreichen. Mit Mandeln bestreuen und mit Buttercremetuffs und Schokoladenblättern verzieren.

Zubereitungszeit ca. 1 Std.
(ohne Wartezeit).
Pro Stück ca. 360 kcal / 1510 kJ.

Kopenhagener Marzipan-Kranz

Zutaten für 2 x 10 Stücke:

- ⅛ l + 2–3 EL (25 ml) Milch
- ½ Würfel (20 g) frische Hefe
- 3 EL (60 g) Zucker
- 375 g + 50 g Mehl
- 1 Prise Salz
- 40 g + 200 g Butter
- 3 Eier (Gr. M)
- 400 g Marzipan-Rohmasse
- 50 g Mandelblättchen
- Fett für das Backblech
- 100 g Puderzucker

1. Für den Vorteig ⅛ l warme Milch, Hefe und Zucker verrühren. In 375 g Mehl und Salz eine Mulde drücken. Hefe hineingießen, etwas verrühren. 10 Minuten gehen lassen. Mit 40 g weicher Butter und 1 Ei glatt verkne-

ten. Zugedeckt an einem warmen Ort ca. 20 Minuten gehen lassen.

2. 200 g kalte Butter und 50 g Mehl verkneten. Zum Quadrat (20 x 20 cm) ausrollen. Teig ebenfalls zum Quadrat (30 x 30 cm) ausrollen. Butter in die Mitte legen und den überstehenden Teig überschlagen. Zum Rechteck (ca. 25 x 35 cm) ausrollen. In 3 Schichten übereinanderlegen. Etwa 20 Minuten kühl stellen. Den gesamten Vorgang 2 x wiederholen.

3. Teig halbieren und zu 2 Rechtecken (20 x 60 cm) ausrollen. 2 Eier trennen. Eiweiß und Marzipan verkneten. Je die Hälfte in jede Teigmitte streichen. Teige der Länge nach überklappen, so daß jeweils ein Strang entsteht. Jeden Strang zum Kranz formen. In der Mitte rundum einschnei-

den. Eigelb und 2–3 EL Milch verquirlen, Teig damit bestreichen. Mandeln darüberstreuen.

4. Die Kränze auf ein gefettetes Backblech legen und im vorgeheizten Backofen (E-Herd: 200 °C / Umluft: 175 °C / Gas: Stufe 3) ca. 25 Minuten backen. Puderzucker und 2–3 EL Wasser glattrühen. Die Kränze damit überziehen.

Zubereitungszeit ca. 2 Std.
(ohne Wartezeit).
Pro Stück ca. 340 kcal / 1420 kJ.

Herren-Torte mit Pralinen

Zutaten für ca. 12 Stücke:

- 150 g + 200 g Halbbitter-Kuvertüre
- 6 Eier (Gr. M)
- 150 g Butter/Margarine
- 1 Prise Salz
- 75 g + 50 g + 50 g Puderzucker
- 125 g Mehl
- 1 Msp. Backpulver
- Fett für die Form
- 150 g Orangen-Marmelade oder Aprikosen-Konfitüre
- 200 g Marzipan-Rohmasse
- 20 g Kokosfett
- ca. 12 Pralinen zum Verzieren

1. 150 g Kuvertüre hacken und im heißen Wasserbad schmelzen. Dann etwas abkühlen lassen.

2. Eier trennen. Fett, Salz und 75 g Puderzucker schaumig rühren. Eigelb und Kuvertüre unterrühren. Mehl und Backpulver mischen, unterrühren. Eiweiß steif schlagen, dabei 50 g Puderzucker einrieseln lassen. Alles unterheben. Teig in eine am Boden gefettete Springform (ca. 24 cm Ø) streichen. Im vorgeheizten Backofen (E-Herd: 175 °C / Umluft: 150 °C/ Gas: Stufe 2) ca. 45 Minuten backen. Auskühlen lassen.

3. Marmelade oder Konfitüre erwärmen und durch ein Sieb streichen. Kuchen halbieren. Ein Boden mit 3 EL Marmelade bestreichen und zusammensetzen. Mit übriger Marmelade rundherum einstreichen. Marzipan und 50 g Puderzucker verkneten. Rund (30 cm Ø) ausrollen. Auf die Torte legen und andrücken.

4. 200 g Kuvertüre hacken. ⅔ im heißen Wasserbad schmelzen. Abkühlen lassen. Rest Kuvertüre und Kokosfett zufügen, ebenfalls schmelzen. Kuchen damit überziehen und halbfest werden lassen. Tortenstücke markieren. Mit Pralinen verzieren. Torte trocknen lassen.

Zubereitungszeit ca. 1¾ Std. (ohne Wartezeit). Pro Stück ca. 490 kcal / 2050 kJ.

EXTRA-TIP

Statt mit Pralinen können Sie die Torte auch mit dicken Sahnetuffs verzieren. Dazu Sahne steif schlagen und die Tuffs eventuell mit Likör (z. B. Kaffee- oder Eierlikör) beträufeln.

Köstliches

Creme-Törtchen mit Früchten

Zutaten für ca. 12 Stück:

- 300 g Mehl
- 200 g Butter/Margarine
- 100 g + 50 g Zucker
- 3 Eier (Gr. M)
- 250 g rote Johannisbeeren
- 300 g frische oder
  1 Dose (425 ml) Pfirsiche
- Fett für die Förmchen
- 150 g Crème fraîche oder
  Schmand
- 1 EL Puderzucker

1. Mehl, Fett, 100 g Zucker und 1 Ei glatt verkneten. Mürbeteig in 2 Portionen teilen. Mindestens 30 Minuten kalt stellen.

2. Johannisbeeren waschen und von den Rispen streifen. Frische Pfirsiche überbrühen und die Haut abziehen. Früchte entsteinen und kleinschneiden (Früchte aus der Dose abtropfen lassen).

3. 6 Tortelettförmchen (10 cm Ø) fetten. 1 Portion Teig ausrollen und 6 Kreise (ca. 12 cm Ø) ausstechen. Die Förmchen damit auslegen. Im vorgeheizten Backofen (E-Herd: 200 °C / Umluft: 175 °C / Gas: Stufe 3) ca. 15 Minuten vorbacken.

4. 2 Eier und 50 g Zucker schaumig rühren. Crème fraîche unterrühren. Hälfte vom Guß in die Torteletts gießen und mit der Hälfte der Früchte belegen. Herd herunterschalten (E-Herd: 175 °C/ Umluft: 150 °C / Gas: Stufe 2). Törtchen ca. 20 Minuten fertigbacken. Etwas abkühlen lassen und herauslösen.

5. Übrige Teighälfte ebenso verarbeiten. Alle Törtchen mit Puderzucker bestäuben.

Zubereitungszeit ca. 2 Std. (ohne Wartezeit).
Pro Stück ca. 220 kcal / 920 kJ.

Kleingebäck

Stück für Stück ein echter Genuß!

Kleingebäck

Zarte Mandelhörnchen

Zutaten für ca. 8 Stück:

- 200 g Marzipan-Rohmasse
- 2 Eiweiß (Gr. M)
- 100 g Zucker
- 1 Päckchen Vanillin-Zucker
- 1 Prise Salz
- 50 g Mehl
- 75 g Mandelblättchen
- 100 g Halbbitter-Kuvertüre
- Backpapier

1. Marzipan in Würfel schneiden. Marzipan, Eiweiß, Zucker, Vanillin-Zucker und Salz mit den Schneebesen des Handrührgerätes glatt verrühren. Mehl daraufsieben. Alles zu einer glatten Masse verrühren.

2. In einen Spritzbeutel mit großer, glatter Lochtülle füllen. 8 Hörnchen auf ein mit Backpapier ausgelegtes Backblech spritzen. Mit Mandeln bestreuen und leicht andrücken.

3. Im vorgeheizten Backofen (E-Herd: 175 °C / Umluft: 150 °C / Gas: Stufe 2) ca. 15 Minuten backen. Hörnchen auskühlen lassen.

4. Kuvertüre in grobe Stücke schneiden. Im heißen Wasserbad schmelzen. Hörnchen mit beiden Enden in die Kuvertüre tauchen und trocknen lassen.

Zubereitungszeit ca. 45 Min.
(ohne Wartezeit).
Pro Stück ca. 350 kcal / 1470 kJ.

Marzipan-Pfirsich-Nester

Zutaten für ca. 12 Stück:

- 150 g Magerquark
- 75 g Zucker
- 1 Päckchen Vanillin-Zucker
- 3 EL (60 g) Crème fraîche
- 5 EL Öl
- 1 Prise Salz
- 300 g Mehl
- 1 Päckchen Backpulver
- Mehl für die Arbeitsfläche
- Fett für das Backblech
- 1 Ei (Gr. M)
- 100 g Marzipan-Rohmasse
- 4 EL Puderzucker
- 2 EL Milch
- 1 Dose (850 ml; 12 Hälften) Pfirsiche
- 1 EL Mandelblättchen

1. Für den Quark-Öl-Teig Magerquark, Zucker, Vanillin-Zucker, Crème fraîche, Öl und Salz verrühren. Mehl und Backpulver mischen. Hälfte unter den Quark rühren. Restliches Mehl-Gemisch unterkneten.

2. Den Teig halbieren. Auf leicht bemehlter Arbeitsfläche eine Teighälfte zum Rechteck (24 x 36 cm) ausrollen. Daraus 6 Quadrate (12 x 12 cm) schneiden und auf ein gefettetes Backblech legen.

3. Ei trennen. Marzipan würfeln, mit 3 EL Puderzucker und Eiweiß verkneten. Eigelb und Milch verquirlen. Pfirsiche abtropfen lassen.

4. Die Mitte der Teigstücke auf dem Backblech dünn mit Eigelb bestreichen und etwas Marzipan darauflegen. Ecken zur Mitte überklappen. Je 1 Pfirsichhälfte daraufsetzen.

5. Teig mit restlichem Eigelb bestreichen und mit Mandelblättchen bestreuen. Im vorgeheizten Backofen (E-Herd: 200 °C / Umluft: 175 °C/ Gas: Stufe 3) 20–25 Minuten backen. Übrige Teighälfte ebenso verarbeiten. Nester mit 1 EL Puderzucker bestäuben.

Zubereitungszeit ca. 1½ Std.
(ohne Wartezeit).
Pro Stück ca. 350 kcal / 1470 kJ.

Kleingebäck

Kirsch-Muffins mit Schoko-Bits

Zutaten für ca. 16 Stück:

- 1 Glas (720 ml) Sauerkirschen
- 50 g Zartbitter-Schokolade
- 175 g Butter/Margarine
- 100 g Zucker
- 1 Päckchen Vanillin-Zucker
- 1 Prise Salz
- 4 Eier (Gr. M)
- 225 g Mehl
- 75 g Speisestärke
- 1 TL Backpulver
- 48 Papierförmchen (5 cm Ø)

1. Kirschen auf einem Sieb gut abtropfen lassen. Schokolade grob hacken. Weiches Fett, Zucker, Vanillin-Zucker und Salz cremig rühren. Eier nacheinander unterrühren. Mehl, Stärke und Backpulver mischen, darübersieben und kurz unterrühren. Kirschen und Schokolade unterheben.

2. Jeweils 3 Papierförmchen ineinandersetzen. Je 1 gut gehäuften EL Teig hineinfüllen. Förmchen auf einen Git-

terrost des Backofens setzen und im vorgeheizten Backofen (E-Herd:

200 °C / Umluft: 175 °C / Gas: Stufe 3) 20–30 Minuten backen. Muffins auskühlen lassen.

Zubereitungszeit ca. 1 Std. (ohne Wartezeit). Pro Stück ca. 250 kcal / 1050 kJ.

EXTRA-TIP

Statt der Papierförmchen können Sie auch ein Muffins-Backblech nehmen. Die Vertiefungen für die Muffins gut fetten und jeweils zu maximal ¾ mit Teig füllen. Die Muffins bei gleicher Temperatur und Backzeit backen.

Karamel-Nuß-Ecken

Zutaten für ca. 24 Stück:

- 150 g + 40 g Butter/Margarine
- 75 g + 400 g Zucker
- 1 Päckchen Vanillin-Zucker
- 2 Eier (Gr. M)
- 300 g Mehl, 2 TL Backpulver
- 2 TL unbehandelte Zitronenschale (gibt's gerieben zu kaufen)
- Fett für das Backblech
- 600 g Haselnußkerne
- 100 g Halbbitter-Kuvertüre

1. 150 g Fett, 75 g Zucker und Vanillin-Zucker mit den Schneebesen des Handrührgerätes cremig rühren. Eier nach und nach unterrühren. Mehl und Backpulver mischen. Beides mit Zitronenschale unterkneten.

2. Teig auf einem gefetteten Back-blech (ca. 35 x 40 cm) ausrollen bzw. flachdrücken. Im vorgeheizten Back-ofen (E-Herd: 200 °C / Umluft: 175 °C / Gas: Stufe 3) ca. 15 Minuten backen. Auskühlen lassen.

3. Nüsse portionsweise unter Wenden in einer Pfanne rösten. Die braune Haut noch heiß in einem Sieb abreiben.

4. 400 g Zucker goldbraun karameli-sieren lassen. 40 g Fett unterrühren. 8 EL heißes Wasser zufügen und zu einer cremigen Masse verrühren. Nüsse unterheben. Nuß-Karamel gleichmäßig auf dem Boden vertei-len. Fest werden lassen und in ca. 24 Dreiecke schneiden.

5. Kuvertüre grob hacken und im Wasserbad bei milder Hitze unter Rühren schmelzen. Jeweils eine Ecke des Gebäcks in die Kuvertüre tauchen und trocknen lassen.

Zubereitungszeit ca. 1¼ Std.
(ohne Wartezeit).
Pro Stück ca. 370 kcal / 1550 kJ.

Kleingebäck

Apfel-Taler mit Eierlikör

Zutaten für ca. 12 Stück:

- 500 g Äpfel
- 100 ml Apfelsaft
- 25 g + 75 g Zucker
- 1 Stück unbehandelte Zitronenschale
- 150 g Magerquark
- 1 Päckchen Vanillin-Zucker
- 5 EL Milch
- 5 EL Öl
- 1 Prise Salz
- 300 g Mehl
- 1 Päckchen Backpulver
- 3–4 EL Kondensmilch
- 4 EL Hagelzucker
- 4 EL Mandelblättchen
- 4–6 EL Eierlikör
- Backpapier

1. Äpfel schälen, vierteln, entkernen und in kleine Würfel schneiden. Mit Apfelsaft, 25 g Zucker und Zitronenschale aufkochen. Ca. 5 Minuten bei schwacher Hitze dünsten. Zitronenschale entfernen. Apfelkompott etwas abkühlen lassen.

2. Für den Quark-Öl-Teig Quark, 75 g Zucker, Vanillin-Zucker, Milch, Öl und Salz verrühren. Mehl und Backpulver mischen. Die Hälfte davon unter den Quark rühren. Rest zugeben und alles mit den Knethaken des Handrührgerätes glatt verkneten.

3. Teig zu einer dicken Rolle formen und in 12 gleich große Stücke teilen. Auf einem mit Backpapier ausgelegten Backblech zu Kreisen von etwa 8 cm Ø flachdrücken.

4. Jeweils etwas Apfelkompott in die Teigmitte geben. Ränder mit Kondensmilch bestreichen und alles mit Hagelzucker und Mandeln bestreuen.

5. Im vorgeheizten Backofen (E-Herd: 200 °C / Umluft: 175 °C / Gas: Stufe 3) ca. 15 Minuten backen. Auskühlen lassen und mit Eierlikör beträufeln.

Zubereitungszeit ca. 45 Min. (ohne Wartezeit).
Pro Stück ca. 260 kcal / 1090 kJ.

Joghurt-Heidelbeer-Törtchen

Zutaten für ca. 9 Stück:

- 300 g Mehl
- 100 g gemahlene Mandeln
- 175 g Butter/Margarine
- 1 Ei (Gr. M)
- 100 g + 50 g Zucker
- 1 Päckchen Vanillin-Zucker
- Fett für die Förmchen
- 200 g Heidelbeeren
- 2 Päckchen Sahnefestiger
- 200 g Schlagsahne
- 300 g Magermilch-Joghurt
- abgeraspelte Schale von ½ unbehandelten Zitrone
- getrocknete Erbsen und Pergamentpapier zum Blindbacken

1. Für den Mürbeteig Mehl, Mandeln, kaltes Fett, Ei, 100 g Zucker und

Vanillin-Zucker verkneten. Zugedeckt ca. 30 Minuten kühl stellen.

2. Brioche- oder Tortelettförmchen (ca. 7 cm Ø; 3 cm hoch) fetten. Teig auf einer bemehlten Arbeitsfläche ca. ½ cm dick ausrollen. 9 Kreise (ca. 13 cm Ø) ausstechen. Förmchen mit Teig auslegen und mehrmals einstechen. Pergamentpapier auf den Teig legen und getrocknete Erbsen daraufgeben.

3. Im vorgeheizten Backofen (E-Herd: 200 °C / Umluft: 175 °C / Gas: Stufe 3) 15–20 Minuten backen. Erbsen und Papier abnehmen. Törtchen ca. 10 Minuten fertigbacken. Törtchen aus den Förmchen stürzen. Auskühlen lassen.

4. Heidelbeeren verlesen, waschen und abtropfen lassen. 50 g Zucker und Sahnefestiger mischen. Sahne steif schlagen, dabei das Zucker-Gemisch einrieseln lassen. Joghurt, ⅔ Früchte und Zitronenschale unterheben. In die Törtchen füllen. Mit übrigen Heidelbeeren belegen und mit Zitronenschale verzieren.

Zubereitungszeit ca. 1¾ Std.
Wartezeit ca. 1 Std.
Pro Stück ca. 430 kcal / 1800 kJ.

Kleingebäck

Amerikaner mit Schokostückchen

Zutaten für ca. 8 Stück:

- 75 g Zartbitter-Schokolade
- 100 g Butter/Margarine
- 100 g Zucker
- 1 Päckchen Vanillin-Zucker
- 1 Prise Salz
- 2 Eier (Gr. M)
- 250 g Mehl
- 1 Päckchen Puddingpulver „Vanille-Geschmack" (für ½ l Milch; zum Kochen)
- 3 gestr. TL Backpulver, 3 EL Milch
- 100 g Halbbitter-Kuvertüre
- 100 g Puderzucker
- 1 EL Zitronensaft
- Backpapier

1. Schokolade hacken. Fett, Zucker, Vanillin-Zucker und Salz schaumig rühren. Eier nacheinander unterrühren. Mehl, Puddingpulver und Backpulver mischen und unterrühren. Milch zufügen. Gehackte Schokolade unterheben.

2. Mit Hilfe von 2 Eßlöffeln ca. 8 Teighäufchen mit etwas Abstand auf ein mit Backpapier ausgelegtes

Backblech setzen. Im vorgeheizten Backofen (E-Herd: 200 °C / Umluft: 175 °C / Gas: Stufe 3) 15–20 Minuten backen. Auf einem Kuchengitter auskühlen lassen.

3. Kuvertüre im heißen Wasserbad schmelzen. Puderzucker, Zitronensaft und 1–2 EL Wasser zu einem glatten Guß verrühren. Amerikaner auf der flachen Unterseite mit Guß bzw. Kuvertüre oder mit beidem bestreichen. Nach Belieben mit einem Tortenkamm Muster durchziehen. Den Guß trocknen lassen.

Zubereitungszeit ca. 1¼ Std. (ohne Wartezeit).
Pro Stück ca. 470 kcal / 1970 kJ.

Windbeutel mit Himbeercreme

Zutaten für ca. 8 Stück:

- 65 g Butter/Margarine
- 1 Prise Salz
- 150 g Mehl
- 3 Eier (Gr. M)
- 1 Msp. Backpulver
- 250 g TK-Himbeeren oder frische Himbeeren
- 200 g Schlagsahne
- 1 Päckchen Vanillin-Zucker
- 2 Päckchen Sahnefestiger
- 300 g Himbeer-Joghurt
- 4 EL Eierlikör
- 1 EL Puderzucker
- evtl. Zitronenmelisse
- Backpapier

1. Für den Brandteig ¼ l Wasser, Fett und Salz in einem kleinen Topf aufko-chen lassen. Mehl auf einmal zufügen und so lange rühren, bis sich der Teig als Kloß vom Topfboden löst. Topf vom Herd nehmen. Eier einzeln unter-rühren. Backpulver zufügen und schnell unterrühren.

2. Brandteig in einen Spritzbeutel mit großer Sterntülle füllen. Ca. 8 Tuffs auf ein mit Backpapier ausgelegtes Backblech spritzen. Im vorgeheizten Backofen (E-Herd: 200 °C / Umluft: 175 °C / Gas: Stufe 3) ca. 40 Minuten backen. Herausnehmen und die Dek-kel der Windbeutel sofort mit einer Schere abschneiden. Abkühlen lassen.

3. Tiefgefrorene Himbeeren auftauen lassen. Frische Himbeeren verlesen, waschen und mit Küchenpapier trockentupfen. Sahne steif schlagen. Dabei Vanillin-Zucker und Sahne-festiger einrieseln lassen. Himbeer-Joghurt unterheben.

4. Untere Windbeutelhälften mit Himbeeren belegen. Joghurt-Sahne in einen Spritzbeutel mit Sterntülle fül-len. Auf die Himbeeren spritzen. Likör darüberträufeln und den Deckel dar-aufsetzen. Mit Puderzucker bestäuben und evtl. mit Melisse verzieren.

**Zubereitungszeit ca. 1½ Std.
(ohne Wartezeit).
Pro Stück ca. 340 kcal / 1420 kJ.**

Erdbeer-Käse-Kuchen

Zutaten für ca. 12 Stücke:

- 2 Eier (Gr. M)
- 200 g Mehl
- 100 g + 75 g Zucker
- 125 g Butter/Margarine
- 250 g Speisequark
  (20 % Fett i. Tr.)
- 2 EL (20 g) Grieß
- Fett und Paniermehl für die Form
- 500 g Erdbeeren
- 75 g Erdbeer-Konfitüre
- 2 EL Mandelblättchen
- 150 g Schlagsahne

1. Für den Mürbeteig Eier trennen. Mehl, 100 g Zucker, 1 Eigelb und kaltes Fett in Stückchen glatt verkneten. Zugedeckt mindestens 30 Minuten kalt stellen.

2. Beide Eiweiß sehr steif schlagen. Speisequark, 75 g Zucker, Grieß und 1 Eigelb verrühren. Eiweiß unterziehen.

3. Eine Springform (26 cm Ø) fetten und mit Paniermehl ausstreuen. ⅔ Teig auf dem Boden ausrollen. Im vorgeheizten Backofen (E-Herd: 175 °C / Umluft:150 °C/ Gas: Stufe 2) ca. 10 Minuten vorbacken. Etwas abkühlen lassen.

4. Rest Teig zu einer Rolle formen und einen ca. 3 cm hohen Rand formen. Mit einem Teigrädchen oder Messer begradigen. Teigrand an den Formrand drücken. Quarkmasse einfüllen. Bei gleicher Temperatur auf unterster Schiene ca. 35 Minuten fertigbacken. Auskühlen lassen.

5. Erdbeeren waschen, putzen und halbieren. Auf dem Kuchen verteilen. Konfitüre erwärmen. Erdbeeren damit bestreichen. Mandeln in einer Pfanne ohne Fett rösten. Sahne steif schlagen. Torte mit Sahne und Mandeln verzieren.

Zubereitungszeit ca. 1½ Std.
(ohne Wartezeit).
Pro Stück ca. 330 kcal / 1380 kJ.

Erdbeerkuchen

Einfach verführerisch!

Erdbeerkuchen

Erdbeer-Torte mit Mascarpone

Zutaten für ca. 12 Stücke:

- 80 g Zartbitter-Schokolade
- 2 Eier (Gr. M)
- 50 g + 50 g Zucker
- 1 Päckchen Vanillin-Zucker
- 50 g Mehl
- 50 g Speisestärke
- 1 TL Backpulver
- 4 Blatt weiße Gelatine
- 750 g kleine Erdbeeren
- 250 g Mascarpone (ital. Frischkäse)
- 300 g Magermilch-Joghurt
- 25 g Mandelblättchen
- 300 g Schlagsahne
- 2 EL Erdbeer-Konfitüre
- Backpapier

1. Von der Schokolade mit einem Sparschäler knapp ⅓ in „Locken"

abschälen. Rest Schokolade hacken. Eier trennen. Eiweiß und 2 EL Wasser steif schlagen, dabei 50 g Zucker und Vanillin-Zucker einrieseln lassen. Eigelb darunterschlagen. Mehl, Stärke, Backpulver und Schokolade mischen. Alles unterheben.

2. Boden einer Springform (24 cm Ø) mit Backpapier auslegen. Teig einfüllen. Im vorgeheizten Backofen (E-Herd: 175 °C / Umluft: 150 °C / Gas: Stufe 2) ca. 20 Minuten backen.

3. Gelatine in kaltem Wasser einweichen. Erdbeeren waschen und, bis auf 6 Stück zum Verzieren, putzen. Biskuitboden halbieren. Formrand um den 1. Boden schließen. Die geputzten Erdbeeren gleichmäßig daraufsetzen. Mascarpone, Joghurt und 50 g Zucker verrühren. Gelatine ausdrücken, bei

milder Hitze auflösen und unter die Mascarpone-Creme rühren. Creme auf die Erdbeeren streichen. 2. Boden daraufsetzen. Torte mindestens 3–4 Stunden kühl stellen.

4. Mandelblättchen in einer Pfanne ohne Fett goldgelb rösten. Sahne steif schlagen. Torte rundherum mit der Hälfte Sahne einstreichen. Konfitüre erwärmen und durch ein Sieb streichen. Rest Sahne und Konfitüre verrühren und in einen Spritzbeutel mit Sterntülle füllen. Restliche Erdbeeren halbieren. Torte mit Sahnetuffs, Erdbeerhälften, Mandelblättchen und Schokolocken verzieren.

Zubereitungszeit ca. 1½ Std.
Wartezeit 4–5 Std.
Pro Stück ca. 330 kcal / 1380 kJ.

Erdbeer-Schnitten vom Blech

Zutaten für ca. 24 Stücke:

- 1,75 kg Erdbeeren
- 40 g + 200 g + 40 g Zucker
- 1 unbehandelte Zitrone
- 250 g Butter/Margarine
- 4 Eier (Gr. M)
- 200 g Mehl
- 125 g Speisestärke
- 1 TL Backpulver
- Fett für das Backblech
- 2 EL Puderzucker
- ca. 1 l roter Johannisbeersaft
- 4 Päckchen roter Tortenguß
  (für je ¼ l Flüssigkeit)
- 250 g Schlagsahne
- evtl. Krokant zum Verzieren

1. Erdbeeren waschen, putzen und halbieren bzw. vierteln. Erdbeeren mit 40 g Zucker bestreuen und ca. 30 Minuten ziehen lassen.

2. Zitrone heiß waschen und trockenreiben. Die Schale dünn abreiben und den Saft auspressen. Weiches Fett, 200 g Zucker und Zitronenschale schaumig rühren. Eier einzeln unterrühren. Mehl, Stärke und Backpulver mischen und unterrühren. Auf ein gefettetes Backblech (ca. 35 x 40 cm) streichen. Im vorgeheizten Backofen (E-Herd: 200 °C / Umluft: 175 °C/ Gas: Stufe 3) ca. 20 Minuten backen.

3. Puderzucker und Zitronensaft verrühren und den Kuchen damit beträufeln. Erdbeeren gut abtropfen lassen, dabei den Saft auffangen. Früchte auf dem Teig verteilen.

4. Erdbeersaft mit Johannisbeersaft auf 1 l auffüllen. Mit Tortengußpulver und 40 g Zucker verrühren und aufkochen. Erdbeeren damit überziehen und fest werden lassen. Sahne steif schlagen. Kuchen mit Sahnetuffs und evtl. Krokant verzieren.

Zubereitungszeit ca. 1½ Std. (ohne Wartezeit).
Pro Stück ca. 280 kcal / 1170 kJ.

Erdbeerkuchen

Erdbeer-Vanille-Kopenhagener

Zutaten für ca. 8 Stück:

- 1 Packung TK-Blätterteig (450 g; 4 große Scheiben)
- 1 Eigelb
- 1 TL + 100 g Schlagsahne
- 25 g Mandelblättchen
- 300 g Erdbeeren
- 3 EL Aprikosen-Konfitüre
- 50 g + 1 EL Puderzucker
- 1–2 EL Zitronensaft
- 1 Päckchen Sahnefestiger
- 200 g Vanille-Joghurt
- getrocknete Erbsen und Alufolie zum Blindbacken

1. Teig auftauen lassen. Jede Scheibe etwas größer (ca. 12 x 24 cm) ausrollen und halbieren. Alle 4 Ecken bis zur Mitte einschlagen und andrücken. Auf ein kalt abgespültes Backblech setzen. Je ca. 2 EL Erbsen in Alufolie wickeln und in die Mitte setzen.

2. Im vorgeheizten Backofen (E-Herd: 225 °C / Umluft: 200 °C / Gas: Stufe 4) 15–20 Minuten backen. Eigelb und 1 TL Schlagsahne verrühren. Teigränder nach 10–15 Minuten damit bestreichen. Auskühlen lassen.

3. Mandeln in einer Pfanne ohne Fett goldgelb rösten. Erdbeeren waschen, putzen und halbieren. Konfitüre erwärmen und mit den Erdbeeren mischen. 50 g Puderzucker und Zitronensaft verrühren. Teigränder damit bestreichen. Mit der Hälfte Mandelblättchen bestreuen.

4. 100 g Sahne, Sahnefestiger und 1 EL Puderzucker steif schlagen. Joghurt unterheben. Mit den Erdbeeren auf die Kopenhagener verteilen. Rest Mandeln darüberstreuen.

Zubereitungszeit ca. 1 Std. (ohne Wartezeit).
Pro Stück ca. 380 kcal / 1590 kJ.

Erdbeerkuchen

Erdbeer-Brandteig-Torte

Zutaten für ca. 12 Stücke:

- 65 g Butter/Margarine, 1 Prise Salz
- 150 g Mehl
- 3 Eier (Gr. M)
- 4 Blatt weiße Gelatine
- 500 g Erdbeeren
- 500 g Magerquark
- 100 ml Milch
- 75 g Zucker
- abgeriebene Schale von
  1 unbehandelten Orange
- 250 g Schlagsahne
- Puderzucker und evtl. Minze
  zum Verzieren
- Backpapier

1. Für den Brandteig Fett, Salz und ¼ l Wasser in einem Topf aufkochen. Mehl auf einmal hineinschütten. So lange rühren, bis sich der Teig als Kloß vom Topfboden löst. Topf vom Herd nehmen und die Eier einzeln unterrühren.

2. Brandteig in einen Spritzbeutel mit Sterntülle füllen. ⅔ Teig spiralförmig (24 cm Ø) auf ein mit Backpapier ausgelegtes Backblech spritzen. Auf den Rand eine zweite Schicht spritzen. Aus Rest Teig ca. 12 Tuffs auf ein Blech spritzen. Im vorgeheizten Backofen (E-Herd: 200 °C / Umluft: 175 °C / Gas: Stufe 3) ca. 25 Minuten backen. Auskühlen lassen.

3. Gelatine in kaltem Wasser einweichen. Erdbeeren waschen, putzen. ⅔ Erdbeeren in kleine Stücke schneiden. Quark, Milch, Zucker und Orangenschale glatt verrühren. Erdbeerstücke unterheben. Gelatine ausdrücken, auflösen und unterrühren.

Kalt stellen, bis die Quark-Masse zu gelieren beginnt.

4. Sahne steif schlagen und, bis auf 4 EL, unterheben. Quark-Creme auf den Boden streichen. Ca. 4 Stunden kalt stellen. Torte mit Sahnetuffs, Rest Erdbeeren, Puderzucker und Minze verzieren.

Zubereitungszeit ca. 1 Std.
Wartezeit ca. 4 Std.
Pro Stück ca. 230 kcal / 960 kJ.

65

Erdbeerkuchen

Zitronen-Joghurt-Torte mit Erdbeeren

Zutaten für ca. 12 Stücke:

- 3 Eier (Gr. M)
- 100 g Zucker
- 75 g Mehl
- 50 g Speisestärke
- 1 TL Backpulver
- 500 g Erdbeeren
- 1 Packung Cremespeisepulver „Zitronen-Geschmack" (für 200 ml Wasser)
- 150 g Vollmilch-Joghurt
- 150 g + 250 g Schlagsahne
- 2 EL Mandelblättchen
- 1 Päckchen Vanillin-Zucker
- Backpapier

1. Für den Biskuitteig Eier trennen. Eiweiß und 3 EL kaltes Wasser steif schlagen. Zucker dabei einrieseln lassen. Eigelb unterziehen. Mehl, Stärke und Backpulver mischen, unterheben.

2. Teig in eine am Boden mit Backpapier ausgelegte Springform (26 cm Ø) füllen und glattstreichen. Im vorgeheizten Backofen (E-Herd: 175 °C/ Umluft: 150 °C / Gas: Stufe 2) ca. 25 Minuten backen. Auskühlen lassen und aus der Form stürzen. Backpapier vorsichtig abziehen.

3. Boden halbieren. Formrand um den unteren Boden legen. Erdbeeren waschen, putzen. 250 g Erdbeeren würfeln. 125 g Erbeeren pürieren. Erdbeerpüree, 100 ml Wasser und Cremepulver mit den Schneebesen des Handrührgerätes verrühren, dann bei höchster Stufe 3 Minuten schaumig schlagen. Aroma (Kapsel) und Joghurt unterrühren.

4. 150 g Sahne steif schlagen, mit den Erdbeerstücken unter die Joghurtcreme heben. Auf den Boden streichen. 2. Boden daraufsetzen. Ca. 6 Stunden kalt stellen.

5. Mandeln in einer Pfanne ohne Fett goldgelb rösten. Etwas abkühlen lassen. Formrand lösen. Mandeln an den Tortenrand drücken. 250 g Sahne steif schlagen, dabei Vanillin-Zucker einrieseln lassen. In einen Spritzbeutel mit glatter Lochtülle füllen. Torte dicht an dicht mit Sahnetuffs und übrigen Erdbeeren verzieren.

Zubereitungszeit ca. 1½ Std.
Wartezeit ca. 6 Std.
Pro Stück ca. 270 kcal / 1130 kJ.

Frankfurter Kranz mit Erdbeeren

Zutaten für ca. 16 Stücke:

- 250 g Mehl
- 175 g + 2 EL Zucker
- 2 Päckchen Vanillin-Zucker
- abgeriebene Schale von 1 unbehandelten Zitrone
- 1 gehäufter TL Backpulver
- 4 Eier (Gr. M)
- 100 ml Öl
- 1 Prise Salz
- Fett und Paniermehl für die Form
- ½ l Milch
- 1 Päckchen Puddingpulver „Vanille-Geschmack" (für ½ l Milch; zum Kochen)
- 250 g Butter
- 200 g Erdbeer-Konfitüre
- 250 g Erdbeeren
- evtl. Minze zum Verzieren

1. Mehl, 175 g Zucker, 1 Päckchen Vanillin-Zucker, Zitronenschale und Backpulver mischen. Eier trennen. Eigelb, Öl und 100 ml Wasser cremig aufschlagen, zur Mehlmischung geben. Alles glatt verrühren. Eiweiß und Salz steif schlagen, unterheben. In eine gefettete mit Paniermehl ausgestreute Kranzform (26 cm Ø) füllen. Im vorgeheizten Backofen (E-Herd: 175 °C / Umluft: 150 °C / Gas: Stufe 2) ca. 40 Minuten backen. Kuchen auskühlen lassen.

2. 4 EL Milch, 2 EL Zucker und Puddingpulver verrühren. Übrige Milch aufkochen lassen. Puddingpulver einrühren, nochmals aufkochen lassen. Auskühlen lassen. Weiche Butter, 50 g Zucker und 1 Päckchen Vanillin-Zucker schaumig rühren. Pudding eßlöffelweise unterrühren.

3. Kuchen zweimal waagerecht durchschneiden. Je ⅓ Konfitüre auf die 2 unteren Böden streichen, mit je ¼ Creme bestreichen. Kuchen zusammensetzen. Etwas Buttercreme in einen Spritzbeutel mit Sterntülle füllen. Kranz mit Rest Creme wellig einstreichen. Cremetuffs daraufspritzen.

4. Erdbeeren waschen, putzen, einige halbieren und auf die Tuffs setzen. Übrige Erdbeeren in Scheiben schneiden und rundherum an den Rand drücken. Rest Konfitüre erwärmen. In einen Gefrierbeutel füllen und eine Ecke abschneiden. Kranz mit Konfitüre beträufeln. Evtl. mit Minze verzieren. Kühl stellen.

**Zubereitungszeit ca. 1½ Std. (ohne Wartezeit).
Pro Stück ca. 390 kcal / 1630 kJ.**

Erdbeerkuchen

Erdbeer-Rhabarber-Torte

Zutaten für ca. 12 Stücke:

- 2 Eier (Gr. M)
- 1 Prise Salz
- 80 g + 100 g + 20 g Zucker
- 30 g Mehl
- 30 g + 80 g Speisestärke
- 1 Msp. Backpulver
- 750 g Rhabarber
- 250 g Erdbeeren
- 500 g Sahnequark (40 % Fett i. Tr.)
- Mark von 1 Vanilleschote oder
  1 Päckchen Bourbon-Vanillezucker
- abgeriebene Schale und Saft von
  ½ unbehandelten Zitrone
- 100 g Schlagsahne
- 2 EL Mandelblättchen
- evtl. Minze zum Verzieren
- Backpapier

1. Eine Springform (26 cm Ø) am
Boden mit Backpapier auslegen. Für
den Blitzbiskuit Eier und 2 EL Wasser
ca. 5 Minuten hellcremig schlagen.
Salz und 80 g Zucker einrieseln lassen. Mehl, 30 g Stärke und Backpulver
sieben, vorsichtig unterheben und in
die Form füllen. Im vorgeheizten
Backofen (E-Herd: 175 °C / Umluft:
150 °C/ Gas: Stufe 2) 20–25 Minuten
backen. Boden auskühlen lassen.

2. Rhabarber putzen, waschen und
kleinschneiden. Mit 100 g Zucker
mischen und bei schwacher Hitze ca.
10 Minuten dünsten. Erdbeeren
waschen, putzen und, bis auf 4 Stück,
kleinschneiden. 80 g Stärke mit
120 ml Wasser verrühren. Rhabarber
damit binden. Erdbeerstücke zufügen.
Formrand um den Boden legen.
Kompott einfüllen. Auskühlen lassen.

3. Quark, ausgekratztes Vanillemark,
20 g Zucker, Zitronenschale und -saft
verrühren. Sahne steif schlagen und
unterheben. Quarkmasse auf das
Kompott streichen. Mit restlichen
Erdbeeren, Mandelblättchen und evtl.
Minze verzieren.

Zubereitungszeit ca. 1¼ Std.
(ohne Wartezeit).
Pro Stück ca. 240 kcal / 1000 kJ.

Erdbeer-Stracciatella-Torte

Zutaten für ca. 12 Stücke:

- 125 g Mehl
- 60 g Butter/Margarine
- 50 g + 25 g Zucker
- 1 Eigelb
- 4 TK-Blätterteigscheiben (à 60 g)
- Fett für die Form
- 600 g kleine Erdbeeren
- 1 Päckchen roter Tortenguß
  (für ¼ l Flüssigkeit)
- ¼ l Johannisbeersaft
- 400 g Schlagsahne
- 2 Päckchen Sahnefestiger
- 150 g Zartbitter-Schokolade
- evtl. Zitronenmelisse zum Verzieren

1. Für den Mürbeteig Mehl, kaltes Fett in Stückchen, 50 g Zucker, Eigelb und 1 EL eiskaltes Wasser zu einem glatten Teig verkneten. Zugedeckt ca. 30 Minuten kalt stellen. Blätterteig auftauen lassen.

2. Mürbeteig auf einem gefetteten Springformboden (26 cm Ø) ausrollen. Im vorgeheizten Backofen (E-Herd: 200 °C / Umluft: 175 °C/ Gas: Stufe 3) ca. 15 Minuten backen.

3. Blätterteigplatten übereinanderlegen und zu einem Rechteck (ca. 26 x 52 cm) ausrollen. 2 Kreise (26 cm Ø) ausstechen. Blätterteigböden auf 2 mit kaltem Wasser abgespülte Backbleche legen. Böden mehrmals mit einer Gabel einstechen. Bei einem Boden 12 Tortenstücke markieren. Beide Böden bei gleicher Temperatur ca. 10 Minuten backen. Die markierten Tortenstücke sofort durchschneiden.

4. Erdbeeren waschen und putzen. Bis auf einige zum Verzieren kleinschneiden. 25 g Zucker, Tortenguß und Saft aufkochen. Erdbeerstücke unterheben. Springformrand um den Mürbeteigboden legen. Erdbeerstücke darauf verteilen. Blätterteigboden darauflegen. Kühl stellen.

5. Sahne und Sahnefestiger steif schlagen. Schokolade hacken, unter ¾ der Sahne heben. Auf den Boden streichen, kühlen. Torte aus dem Formrand lösen. 12 Sahnetuffs auf den Tortenrand spritzen, Blätterteigflügel daraufsetzen. Mit Rest Erdbeeren, Melisse und Puderzucker verzieren.

**Zubereitungszeit ca. 1½ Std.
(ohne Wartezeit).
Pro Stück ca. 380 kcal / 1590 kJ.**

Beeren-Joghurt-Torte

Zutaten für ca. 12 Stücke

- 50 g Butter/Margarine
- 100 g Zwieback
- 6 EL Zucker
- Fett für die Form
- 10 Blatt weiße Gelatine
- 500 g Vollmilch-Joghurt
- Schale und Saft von 1 unbehandelten Zitrone
- 200 g Schlagsahne
- 1 Dose (425 ml) Pfirsiche
- je 150 g Heidelbeeren, Himbeeren und Johannisbeeren
- 1 Päckchen klarer Tortenguß (für ¼ l Flüssigkeit)

1. Fett zerlassen. Zwieback fein zerdrücken. Mit Fett und 2 EL Zucker verkneten. Auf einem gefetteten Springformboden (26 cm Ø) verteilen und fest andrücken. Kalt stellen.

2. Gelatine in kaltem Wasser einweichen. Joghurt, 2 EL Zucker, Zitronenschale und -saft verrühren. Gelatine ausdrücken, auflösen und unterrühren. Joghurtmasse kalt stellen, bis sie zu gelieren beginnt.

3. Sahne steif schlagen und unter die Joghurtmasse heben, auf den Boden streichen. Mindestens 3 Stunden kalt stellen.

4. Pfirsiche abtropfen lassen, den Saft dabei auffangen. Die Hälften fächerförmig einschneiden. Beeren verlesen und waschen. Johannisbeeren von den Rispen streifen. Torte mit dem Obst belegen.

5. Pfirsichsaft mit Wasser auf ¼ l auffüllen. Tortenguß und 2 EL Zucker verrühren. In den Saft rühren und aufkochen lassen. Etwas abkühlen lassen und über die Früchte gießen. Guß fest werden lassen.

Zubereitungszeit ca. 45 Min.
Wartezeit 3–4 Std.
Pro Stück ca. 230 kcal / 960 kJ.

aft backen mit Beerenfrüchten

Von der Sonne verwöhnt

Beerenkuchen

Fruchtiger Schmand-Kuchen

Zutaten für ca. 24 Stücke:

- 3 Dosen (à 315 ml) Mandarin-Orangen
- 500 g Brombeeren
- 250 g Butter/Margarine
- 175 g + 1–2 EL Zucker
- 1 Prise Salz
- 8 Eier (Gr. M)
- abgeriebene Schale von 1 unbehandelten Zitrone
- 375 g Mehl
- 1 Päckchen Backpulver
- 5 EL Milch
- Fett für das Backblech
- 250 g Schmand oder Crème fraîche
- 2 Päckchen Vanillin-Zucker
- 1 EL Puderzucker

1. Mandarinen auf ein Sieb geben und abtropfen lassen. Brombeeren verlesen, eventuell waschen und abtropfen lassen.

2. Für den Rührteig weiches Fett, 175 g Zucker und Salz schaumig rühren. 5 Eier einzeln unterrühren. Zitronenschale zufügen. Mehl und Backpulver mischen und mit der Milch unterrühren.

3. Ein Backblech (ca. 35 x 40 cm) fetten. Teig daraufstreichen. Mit Mandarinen und Brombeeren belegen. Im vorgeheizten Backofen (E-Herd: 175 °C / Umluft: 150 °C / Gas: Stufe 2) ca. 20 Minuten backen.

4. Schmand, 3 Eier, 1–2 EL Zucker und Vanillin-Zucker mit den Schneebesen des Handrührgerätes glatt verrühren. Den Kuchen damit bestreichen und bei gleicher Temperatur weitere ca. 25 Minuten goldgelb backen. Kuchen abkühlen lassen und mit dem Puderzucker bestäuben.

Zubereitungszeit ca. 1¼ Std.
(ohne Wartezeit).
Pro Stück ca. 250 kcal / 1050 kJ.

Schwäbische Träubles-Torte

Zutaten für ca. 16 Stücke:

- 200 g Mehl
- 1 Ei (Gr. M)
- 3 EL + 200 g Zucker
- abgeriebene Schale von
  1 unbehandelten Zitrone
- 125 g Butter/Margarine
- 750 g rote Johannisbeeren
- 2 EL Speisestärke
- 4 Eiweiß (Gr. M)
- 1 Prise Salz
- 200 g gemahlene Haselnüsse
- 2 EL Paniermehl
- 2 EL Puderzucker
- 500 g getrocknete Erbsen und
  Pergamentpapier zum Blindbacken
- Klarsichtfolie

1. Für den Mürbeteig Mehl in eine Schüssel geben. In die Mitte eine Mulde drücken. Ei in die Mitte geben. 3 EL Zucker, Zitronenschale und kaltes Fett in Stückchen auf den Rand setzen. Alles zu einem glatten Teig verarbeiten und zugedeckt mindestens 30 Minuten kalt stellen.

2. Den Teig zwischen Folie zu einem Kreis (30 cm Ø) ausrollen. In eine Springform (26 cm Ø) legen. Am Rand hochdrücken. Den Boden mit einer Gabel mehrmals einstechen.

3. Den Boden mit Pergamentpapier belegen und die Erbsen daraufstreuen. Im vorgeheizten Backofen (E-Herd: 175 °C / Umluft: 150 °C / Gas: Stufe 2) ca. 15 Minuten backen. Erbsen und Papier entfernen. Den Boden auskühlen lassen.

4. Johannisbeeren waschen, verlesen und von den Rispen streifen. Ca. 6 EL Beeren beiseite legen. Rest Früchte mit Stärke mischen. Eiweiß, Salz und 200 g Zucker sehr steif schlagen. Beeren und Nüsse unterheben.

5. Boden mit Paniermehl ausstreuen. Beerenmasse auf dem vorgebackenen Boden verteilen, dabei mit einem Löffel leichte Wellen eindrücken. Im vorgeheizten Backofen (E-Herd: 175 °C / Umluft: 150 °C / Gas: Stufe 2) ca. 1 ½ Stunden backen. Evtl. abdecken. Auf einem Kuchengitter auskühlen lassen. Torte mit Puderzucker bestäuben und mit den restlichen Johannisbeeren belegen.

**Zubereitungszeit ca. 2¼ Std.
(ohne Wartezeit).
Pro Stück ca. 240 kcal / 1000 kJ.**

Beerenkuchen

Beerenkuchen mit Rahmguß

Zutaten für ca. 25 Stücke:

- 500 g Johannisbeeren
- 250 g + 125 g Butter/Margarine
- 250 g + 100 g Zucker
- 2 Päckchen Vanillin-Zucker
- 4 Eier (Gr. M)
- 3 EL Milch
- 500 g Mehl
- 1 Päckchen Backpulver
- Fett für die Fettpfanne
- 1 Päckchen Puddingpulver „Vanille-Geschmack" (für ½ l Milch; zum Kochen)
- abgeriebene Schale von 1 unbehandelten Zitrone
- 250 g Magerquark
- 250 g Schmand oder Crème fraîche
- 200 g Himbeeren
- 200 g Brombeeren
- 2–3 EL Puderzucker

1. Johannisbeeren verlesen, waschen und von den Rispen abstreifen.

250 g weiches Fett, 250 g Zucker und 1 Päckchen Vanillin-Zucker schaumig rühren. 2 Eier und Milch unterrühren. Mehl und Backpulver mischen und unterrühren. Teig auf eine gefettete Fettpfanne (ca. 32 x 39 cm) streichen.

2. 125 g Fett, 100 g Zucker und 1 Päckchen Vanillin-Zucker schaumig rühren. 2 Eier, Puddingpulver, Zitronenschale, Quark und Schmand unterrühren. Auf den Teig streichen. ⅔ der Johannisbeeren daraufstreuen. Im vorgeheizten Backofen (E-Herd: 200 °C/ Umluft: 175 °C / Gas: Stufe 3) ca. 35 Minuten backen.

3. Himbeeren und Brombeeren waschen. Mit den übrigen Johannisbeeren auf den Kuchen streuen. Mit Puderzucker bestäuben.

Zubereitungszeit ca. 1¼ Std.
Pro Stück ca. 320 kcal / 1340 kJ.

Himbeer-Tarte mit Vanille-Quark

Zutaten für ca. 12 Stücke:

- 100 g Butter/Margarine
- 60 g Puderzucker
- 1 Eigelb (Gr. M)
- 175 g Mehl
- Fett für die Form
- ½ l Milch
- 1 Päckchen Puddingpulver „Vanille-Geschmack" (für ½ l Milch; zum Kochen)
- 80 g Zucker
- 500 g Magerquark
- 200 g Schlagsahne
- 500 g Himbeeren
- ca. 200 g Himbeergelee
- 1 EL Zitronensaft

1. Für den Mürbeteig kaltes Fett in Stückchen, Puderzucker, Eigelb und Mehl zu einem glatten Teig verkneten. Ca. 30 Minuten kalt stellen.

2. Eine Tarte- oder Springform (26–28 cm Ø) fetten und mit dem Teig auslegen. Dabei den Teig am Rand ca. 3 cm hochdrücken. Boden mehrmals mit einer Gabel einstechen. Im vorgeheizten Backofen (E-Herd: 200 °C/ Umluft: 175 °C / Gas: Stufe 3) ca. 20 Minuten backen. Auskühlen lassen.

3. 4 EL Milch, Puddingpulver und Zucker verrühren. Übrige Milch aufkochen lassen. Angerührtes Puddingpulver einrühren und nochmals kurz aufkochen lassen. Pudding auskühlen lassen. Quark unterrühren. Sahne steif schlagen und unterheben. ⅔ der Quark-Creme gleichmäßig auf den Boden streichen. Kalt stellen, bis die Creme fest wird.

4. Himbeeren verlesen, evtl. abspülen und abtropfen lassen. Gelee erwärmen und mit Zitronensaft verrühren. Himbeeren auf die Creme verteilen. Mit Gelee überziehen. Übrige Creme in einen Spritzbeutel mit Sterntülle füllen. Torte damit verzieren.

Zubereitungszeit ca. 1 Std. (ohne Wartezeit).
Pro Stück ca. 370 kcal / 1550 kJ.

Beerenkuchen

Stachelbeerkuchen mit Baiserkranz

Zutaten für ca. 16 Stücke:

- 500 g Stachelbeeren
- 5 Eier (Gr. M)
- 250 g Butter/Margarine
- 150 g + 150 g Zucker
- 1 Päckchen Vanillin-Zucker
- Schale und Saft von ½ unbehandelten Zitrone
- 250 g Mehl
- 50 g Speisestärke
- ½ Päckchen Backpulver
- Fett für die Form
- 150 g Stachelbeer-Konfitüre
- 2 EL Mandelstifte

1. Stachelbeeren verlesen und waschen. 2 Eier trennen. Fett, 150 g Zucker, Vanillin-Zucker und Zitronenschale schaumig rühren. 3 ganze Eier und 2 Eigelb einrühren. Mehl, Stärke und Backpulver mischen, unterrühren.

2. Teig in eine gefettete Springform (26 cm Ø) streichen. ⅔ der Früchte darauf verteilen. Kuchen im vorgeheizten Backofen (E-Herd: 175 °C/ Umluft: 150 °C / Gas: Stufe 2) ca. 50 Minuten backen. Ca. 15 Minuten auskühlen lassen.

3. 2 Eiweiß und 2 TL Zitronensaft mit den Schneebesen des Handrührgerätes steif schlagen. 150 g Zucker dabei einrieseln lassen.

4. Formrand lösen. Eischnee auf dem Kuchenrand verteilen. Bei gleicher Temperatur ca. 15 Minuten bräunen.

5. Konfitüre etwas einkochen lassen. Rest Stachelbeeren unterheben. In die Mitte des Kuchens füllen. Mandeln in einer Pfanne ohne Fett goldgelb rösten und den Kuchen damit verzieren. Dazu schmeckt Schlagsahne.

Zubereitungszeit ca. 1¾ Std.
(ohne Wartezeit).
Pro Stück ca. 340 kcal / 1420 kJ.

Brombeer-Pfirsich-Kuchen

Zutaten für ca. 12 Stücke:

- 250 g Mehl
- 125 g + 50 g Butter/Margarine
- 75 g + 75 g Zucker
- 1 Prise Salz
- 1 Eigelb (Gr. M)
- 2 Eier (Gr. M)
- 1 Päckchen Vanillin-Zucker
- 3 EL (ca. 40 g) Grieß
- 2 EL Milch
- 500 g Magerquark
- Schale und Saft von 1 unbehandelten Zitrone
- Fett für die Form
- 150 g Brombeeren
- 3–4 Pfirsiche (ca. 450 g)
- 4 EL Johannisbeer-Gelee
- evtl. Minze zum Verzieren

1. Mehl, 125 g kaltes Fett in Stückchen, 75 g Zucker, 1 Prise Salz und Eigelb zu einem glatten Teig verkneten. Zugedeckt mindestens 30 Minuten kalt stellen.

2. 50 g weiches Fett, 75 g Zucker, 2 Eier und Vanillin-Zucker mit den Schneebesen des Handrührgerätes cremig schlagen. Grieß, Milch, Quark, Zitronenschale und -saft unterrühren.

3. Teig zu einem Kreis (ca. 30 cm Ø) ausrollen und in eine gefettete Tarte- oder Pieform (28 cm Ø) geben. Mehrmals mit einer Gabel einstechen. Im vorgeheizten Backofen (E-Herd: 200 °C / Umluft: 175 °C / Gas: Stufe 3) ca. 10 Minuten backen. Boden mit Creme bestreichen. Bei gleicher Temperatur weitere 30–35 Minuten backen. Abkühlen lassen.

4. Brombeeren verlesen, waschen und mit Küchenpapier trockentupfen. Pfirsiche waschen, halbieren und entsteinen. Fruchtfleisch in Spalten schneiden. Früchte auf die Quarkmasse verteilen. Gelee erwärmen und die Früchte damit bestreichen. Evtl. mit Minze verzieren.

Zubereitungszeit ca. 1¼ Std. (ohne Wartezeit).
Pro Stück ca. 320 kcal / 1340 kJ.

Saftige

Feine Kirsch-Sahne-Torte

Zutaten für ca. 16 Stücke:

- 150 g Butter/Margarine
- 250 g Mehl
- 75 g + 2–4 EL (à 15 g) Zucker
- 1 Prise Salz
- 1 Ei (Gr. M)
- Fett für die Form
- 750 g Süß- oder Sauerkirschen
- 50 g Speisestärke
- ½ l Kirschsaft
- 2 Päckchen Vanillin-Zucker
- 400 g Schlagsahne
- 1 EL gehackte Pistazien
- 1 EL Haselnußblättchen
- getrocknete Erbsen und Pergamentpapier zum Blindbacken

1. Für den Mürbeteig kaltes Fett in Stückchen, Mehl, 75 g Zucker, Salz und Ei zu einem glatten Teig verkneten. Zugedeckt mindestens 30 Minuten kühl stellen.

2. Hälfte Teig auf dem gefetteten Springformboden (26 cm Ø) ausrollen. Rest Teig zur Rolle formen und am Rand hochdrücken. Mit Pergamentpapier auslegen. Erbsen einfüllen. Im vorgeheizten Backofen (E-Herd: 200 °C / Umluft: 175 °C / Gas: Stufe 3) ca. 15 Minuten vorbacken. Papier samt Erbsen herausheben. Boden bei gleicher Temperatur weitere ca. 15 Minuten backen. Auskühlen lassen.

3. Kirschen waschen, entstielen und entsteinen. Stärke mit etwas Saft glattrühren. Rest Saft, Vanillin-Zucker und 1–2 EL Zucker aufkochen. Stärke einrühren, kurz aufkochen. Kirschen unterheben, etwas abkühlen lassen. Auf den Boden füllen, ca. 4 Stunden kühl stellen.

4. Sahne und 1–2 EL Zucker steif schlagen. In einen Spritzbeutel mit Sterntülle füllen und den Tortenrand damit verzieren. Mit Pistazien und Haselnußblättchen bestreuen.

Zubereitungszeit ca. 1½ Std.
Wartezeit ca. 5 Std.
Pro Stück ca. 310 kcal / 1300 kJ.

Kirschkuchen

Da kann keiner widerstehen!

Kirschkuchen

Kirsch-Butterkuchen vom Blech

Zutaten für ca. 30 Stücke:

- ¼ l + 3 EL Milch
- 75 g + 75 g + 75 g + 50 g Butter/Margarine
- 1 Würfel (42 g) frische Hefe
- 75 g + 75 g + 75 g Zucker
- 500 g + 125 g Mehl
- 1 Prise Salz
- 1 Ei (Gr. M)
- 1,75 kg Kirschen
- 2 EL flüssiger Honig
- 100 g Mandelblättchen
- Fett für das Backblech

1. Für den Hefeteig ¼ l Milch und 75 g Fett erwärmen. Hefe zerbröckeln und mit 75 g Zucker verrühren. 500 g Mehl und Salz mischen. Mit angerührter Hefe, lauwarmer Milch und Ei zu einem glatten Teig verkneten. Zugedeckt an einem warmen Ort ca. 30 Minuten gehen lassen.

2. Kirschen waschen, entstielen und entsteinen. 75 g Fett schmelzen. Mit 125 g Mehl und 75 g Zucker zu Streuseln verkneten.

3. 75 g Fett, 75 g Zucker und Honig in einem kleinen Topf unter Rühren schmelzen. Mandeln und 3 EL Milch zufügen und unterrühren.

4. Hefeteig nochmals durchkneten und auf einem gefetteten Backblech (ca. 35 x 40 cm) ausrollen. Nochmals ca. 15 Minuten gehen lassen.

5. Kirschen auf dem Teig verteilen. 50 g Fett in Flöckchen darauf verteilen. Auf 1 Kuchenhälfte Streusel und auf die andere Mandeln verteilen. Im vorgeheizten Backofen (E-Herd: 200 °C / Umluft: 175 °C / Gas: Stufe 3) ca. 25 Minuten backen. Evtl. Mandeln nach ca. 15 Minuten abdecken.

Zubereitungszeit ca. 2 Std.
Pro Stück ca. 300 kcal / 1260 kJ.

Kirsch-Joghurt-Torte

Zutaten für ca. 12 Stücke:

- 125 g Mehl
- 60 g Butter/Margarine
- 4 EL (à 15 g) Zucker
- 1 Eigelb (Gr. M)
- Fett für die Form
- 7 Blatt weiße Gelatine
- 1 Glas (370 ml) Sauerkirschen
- 750 g Vollmilch-Joghurt
- 1 Päckchen unbehandelte Zitronen-schale (gibt's gerieben zu kaufen)
- 300 g + 100 g Schlagsahne
- 200 g Sauerkirsch-Konfitüre
- 100 g Löffelbiskuits
- 1 Päckchen roter Tortenguß (für ¼ l Flüssigkeit)
- evtl. Zitronenmelisse zum Verzieren

1. Für den Mürbeteig Mehl, kaltes Fett in Stückchen, 2 EL Zucker, Eigelb und 2 EL kaltes Wasser verkneten. Zugedeckt ca. 30 Minuten kühl stellen. Teig auf einem gefetteten Springform-boden (26 cm Ø) ausrollen. Mit einer Gabel mehrmals einstechen. Im vor-geheizten Backofen (E-Herd: 200 °C/ Umluft: 175 °C / Gas: Stufe 3) 15–20 Minuten backen. Auskühlen lassen.

2. Gelatine kalt einweichen. Kirschen abtropfen lassen, dabei den Kirschsaft auffangen. Joghurt und Zitronenschale verrühren. Gelatine ausdrücken und auflösen. Gelatine unter den Joghurt rühren. Kühlen, bis der Joghurt leicht geliert. 300 g Sahne steif schlagen und unterheben.

3. Springformrand um den Boden legen. Konfitüre in einem Topf erwär-men, Kirschen, bis auf 12 Stück zum Verzieren, unterheben. Hälfte Joghurt, Konfitüre mit Kirschen, Löffelbiskuits und Rest Joghurt auf den Boden schichten. Ca. 2 Stunden kühl stellen.

4. Saft mit Wasser auf ¼ l auffüllen. Gußpulver und 2 EL Zucker einrühren und aufkochen. Kurz abkühlen lassen, auf der Torte verteilen. Ca. 2 Stunden kühl stellen. 100 g Sahne steif schla-gen und in einen Spritzbeutel mit Sterntülle füllen. Torte mit Sahnetuffs, restlichen Kirschen und evtl. Zitronen-melisse verzieren.

Zubereitungszeit ca. 1¼ Std.
Wartezeit 4–5 Std.
Pro Stück ca. 340 kcal / 1420 kJ.

Kirschkuchen

Kirsch-Torte mit Mascarpone

Zutaten für ca. 12 Stücke:

- 125 g Mehl
- 50 g + 1 EL Zucker
- 60 g Butter/Margarine
- 1 Eigelb (Gr. M)
- Fett für die Form
- 1 Glas (370 ml) Sauerkirschen
- 1–2 TL Speisestärke
- 6 Blatt weiße Gelatine
- 125 g Amarettini (ital. Mandelgebäck)
- 600 g Vollmilch-Joghurt
- 125 g Mascarpone
  (ital. Frischkäse)
  oder Doppelrahm-Frischkäse
- 2 Päckchen Vanillin-Zucker
- 100 g + 200 g Schlagsahne

1. Für den Mürbeteig Mehl, 50 g Zucker, kaltes Fett in Stückchen und Eigelb verkneten. Zugedeckt ca. 30 Minuten kalt stellen. Auf einem gefetteten Springformboden (24 cm Ø) ausrollen. Im vorgeheizten Backofen (E-Herd: 200 °C / Umluft: 175 °C / Gas: Stufe 3) ca. 15 Minuten backen. Den Boden auskühlen lassen.

2. Kirschen in einem Sieb abtropfen lassen, den Saft dabei auffangen. 4 EL Saft und Stärke glattrühren. Rest Saft und 1 EL Zucker aufkochen. Stärke einrühren und nochmals aufkochen. Kirschen, bis auf 2 EL, unterheben. Abkühlen lassen.

3. Formrand um den Boden legen. Kirschen daraufgeben. Gelatine in kaltem Wasser einweichen. Amarettini, bis auf 8 Stück, fein zerbröseln. Joghurt, Mascarpone und Vanillin-Zucker verrühren. Gelatine aus-drücken, bei milder Hitze auflösen und unterrühren. Kalt stellen, bis die Joghurt-Creme zu gelieren beginnt.

4. 100 g Sahne steif schlagen. Sahne und Brösel unter die leicht gelierende Joghurt-Creme heben. Auf die Kirschen streichen. Ca. 4 Stunden kalt stellen. 200 g Sahne steif schlagen. Torte mit Sahnetuffs, restlichen Kirschen und Amarettini verzieren.

Zubereitungszeit ca. 1 Std.
Wartezeit ca. 5 Std.
Pro Stück ca. 350 kcal / 1470 kJ.

Kirschkuchen

Altdeutscher Kirschkuchen

Zutaten für ca. 12 Stücke:

- 750 g Sauerkirschen
- 75 g Butter/Margarine
- 175 g Zucker
- 1 Prise Salz
- 1 Fläschchen Butter-Vanille-Aroma
- 3 Eier (Gr. M)
- 250 g Mehl
- ½ Päckchen Backpulver
- Fett für die Form
- Puder- und Hagelzucker zum Bestreuen

1. Kirschen waschen, entstielen und entsteinen. Gut abtropfen lassen.

2. Für den Rührteig weiches Fett, Zucker, Salz und Backaroma mit den Schneebesen des Handrührgerätes schaumig rühren. Eier einzeln unterrühren. Mehl, bis auf 2 EL, und Backpulver mischen und unterrühren.

3. Teig in eine gefettete Springform (24 cm Ø) füllen und glattstreichen. Kirschen mit 2 EL Mehl bestäuben. Auf dem Teig verteilen. Im vorgeheizten Backofen (E-Herd: 175 °C/ Umluft: 150 °C / Gas: Stufe 2) ca. 1 Stunde backen. Aus der Form lösen. Auskühlen lassen und mit Puder- und Hagelzucker bestreuen. Dazu paßt Schlagsahne.

Zubereitungszeit ca. 1½ Std. (ohne Wartezeit).
Pro Stück ca. 230 kcal / 960 kJ.

Kirschkuchen

Schwarzwälder Kirschrolle

Zutaten für ca. 16 Stücke:

- 4 Eier (Gr. M), 2 Eigelb
- 50 g + 100 g + 4 EL Zucker
- 75 g Mehl
- 50 g Speisestärke
- 20 g Kakao
- 75 g Halbbitter-Schokolade
- 50 g weiße Schokolade
- 1 Glas (680 ml) Sauerkirschen
- 3 Blatt weiße Gelatine
- evtl. 2 EL Kirschwasser
- 300 g + 300 g Schlagsahne
- 1 Päckchen Vanillin-Zucker
- Backpapier

1. Für den Biskuit Eier trennen. Eiweiß steif schlagen, dabei 50 g Zucker einrieseln lassen. 6 Eigelb und 100 g Zucker schaumig schlagen. Eischnee unterziehen. Mehl, Speisestärke und Kakao mischen, auf die Eischaummasse sieben und unterheben. Masse auf ein mit Backpapier ausgelegtes Backblech (ca. 35 x 40 cm) streichen und im vorgeheizten Backofen (E-Herd: 200 °C / Umluft: 175 °C/ Gas: Stufe 3) 8–10 Minuten backen.

2. Ein Geschirrtuch mit 2 EL Zucker bestreuen. Biskuit auf das Tuch stürzen. Backpapier abziehen. Biskuit noch heiß mit Hilfe des Tuches aufrollen und erkalten lassen.

3. Von der dunklen und weißen Schokolade mit einem Sparschäler kleine „Locken" abschälen. Kirschen abtropfen lassen, 8 Kirschen zum Verzieren zur Seite legen. Gelatine kalt einweichen. Biskuit evtl. mit Kirschwasser beträufeln.

4. 300 g Sahne steif schlagen, dabei Vanillin-Zucker und 1 EL Zucker einrieseln lassen. Gelatine ausdrücken, auflösen und unter die Sahne ziehen. Biskuit damit bestreichen, Kirschen darauf verteilen.

5. Biskuit aufrollen. Ca. 1 Stunde kühl stellen. 300 g Sahne steif schlagen, dabei 1 EL Zucker einrieseln lassen. Biskuitrolle mit der Hälfte einstreichen und mit „Schokolocken" bestreuen. Mit übriger Sahne und Kirschen verzieren.

Zubereitungszeit ca. 1¼ Std.
Wartezeit ca. 1½ Std.
Pro Stück ca. 320 kcal / 1340 kJ.

Vanille-Kirsch-Schnitten

Zutaten für ca. 24 Stücke:

- 250 g Butter/Margarine
- 175 g + 2 EL + 60 g Zucker
- 1 Päckchen Vanillin-Zucker
- 4 Eier (Gr. M)
- 250 g Mehl, 2 TL Backpulver
- 100 ml + 100 ml + 800 ml Milch
- Fett für das Backblech
- 1 kg Sauerkirschen
  und ½ l Kirschsaft oder
  2 Gläser (à 720 ml) Sauerkirschen
- 50 g Speisestärke
- abgeriebene Schale von
  1 unbehandelten Zitrone
- 2 Päckchen Puddingpulver
  „Vanille-Geschmack"
  (für je ½ l Milch; zum Kochen)
- 2 EL Mandelblättchen
- 200 g Schlagsahne

1. Für den Rührteig weiches Fett, 175 g Zucker und Vanillin-Zucker mit den Schneebesen des Handrührgerätes hellcremig rühren. Eier einzeln unterrühren. Mehl und Backpulver mischen. Im Wechsel mit 100 ml Milch unterrühren. Ein Backblech (ca. 35 x 40 cm) fetten und den Teig daraufstreichen. Im vorgeheizten Backofen (E-Herd: 200 °C / Umluft: 175 °C / Gas: Stufe 3) 20–25 Minuten backen.

2. Frische Kirschen waschen, entstielen und entsteinen (Kirschen aus dem Glas auf einem Sieb abtropfen lassen, dabei ½ l Saft auffangen). Speisestärke und 5 EL Saft glatt verrühren. Restlichen Saft, 2 EL Zucker und Zitronenschale aufkochen lassen. Stärke einrühren und nochmals kurz aufkochen. Kirschen unterheben.

3. Puddingpulver, 60 g Zucker und 100 ml Milch verrühren. 800 ml Milch aufkochen lassen. Puddingpulver einrühren und nochmals aufkochen. Vanille-Pudding und Kirschkompott in Streifen auf den Boden füllen. Ca. 3 Stunden kühl stellen.

4. Mandeln in einer Pfanne ohne Fett goldgelb rösten. Sahne steif schlagen. Kuchen in Stücke schneiden. Mit Sahnetuffs und Mandeln verzieren.

Zubereitungszeit ca. 1¼ Std.
Wartezeit ca. 3 Std.
Pro Stück ca. 280 kcal / 1170 kJ.

Pflaumen-Joghurt-Torte mit Amarettini

Zutaten für ca. 12 Stücke:

- 125 g Butter/Margarine
- 50 g Puderzucker oder Zucker
- 200 g Mehl, 1 TL Backpulver
- 1 Eigelb (Gr. M)
- 1 kg Pflaumen
- ¼ l roter Johannisbeersaft
- 40 g Speisestärke
- 2 EL + 100 g Zucker
- Fett für die Form
- 8 Blatt weiße Gelatine
- 400 g Vollmilch-Joghurt
- 200 g Mascarpone (ital. Frischkäse)
- 1 Päckchen Vanillin-Zucker
- 4–5 EL Zitronensaft
- ca. 25 Amarettini (ca. 30 g) (ital. Mandelgebäck)
- evtl. 3 kleine Baisers

1. Für den Mürbeteig kaltes Fett, Puderzucker, Mehl, Backpulver und Eigelb verkneten. Zugedeckt ca. 30 Minuten kalt stellen.

2. Pflaumen waschen, halbieren, entsteinen. 100 ml Saft und Stärke glattrühren. Rest Saft und 2 EL Zucker aufkochen. Stärke einrühren und einmal aufkochen. Pflaumen zufügen. 1 Stunde kalt stellen.

3. Springformboden (26 cm Ø) fetten. Teig darauf ausrollen und mehrmals einstechen. Formrand darumschließen. Im vorgeheizten Backofen (E-Herd: 200 °C / Umluft: 175 °C / Gas: Stufe 3) 15–20 Minuten backen. Auskühlen lassen.

4. Gelatine kalt einweichen. ¾ des Kompotts auf den Boden füllen. Joghurt, Mascarpone, 100 g Zucker, Vanillin-Zucker und Zitronensaft verrühren. Gelatine ausdrücken, auflösen und unterrühren. Amarettini, bis auf einige zum Verzieren, unterheben. Creme auf die Pflaumen streichen. Ca. 3 Stunden kalt stellen. Rest Kompott mit 2–3 EL Wasser leicht erwärmen. Auf der Torte verteilen. Mit Rest Amarettini und Baisers verzieren.

Zubereitungszeit ca. 1½ Std.
Wartezeit ca. 3 Std.
Pro Stück ca. 380 kcal / 1590 kJ.

mit Pflaumen

Saftig und so aromatisch

Pflaumenkuchen

Pflaumentörtchen mit Marzipangitter

Zutaten für ca. 6 Stück:

- 175 g Weizenmehl (Type 1050)
- 100 g Butter/Margarine
- 30 g gemahlene Haselnüsse
- 50 g Zucker
- 1 Prise Salz
- 1 Ei + 1 Eigelb (Gr. M)
- 1 Päckchen Vanillin-Zucker
- 700 g Pflaumen/Zwetschen
- Mehl für die Arbeitsfläche
- Fett für die Förmchen
- ca. 6 TL Pflaumenmus
- 200 g Marzipan-Rohmasse
- 100 g Puderzucker
- 2 EL Aprikosen-Konfitüre
- nach Belieben Puderzucker zum Bestäuben
- evtl. Minzeblättchen zum Verzieren

1. Für den Mürbeteig Mehl, kaltes Fett in Stückchen, Nüsse, Zucker, Salz, 1 Ei und Vanillin-Zucker zu einem glatten Teig verkneten. Zugedeckt ca. 30 Minuten kalt stellen.

2. Pflaumen putzen, waschen, halbieren und entsteinen. Mürbeteig auf bemehlter Fläche dünn ausrollen und ca. 6 Kreise (à ca. 15 cm Ø) ausstechen. In gefettete Förmchen mit heraushebbarem Boden (ca. 12 cm Ø) legen. Teig mit der Gabel öfter einstechen. Mit je 1 TL Pflaumenmus bestreichen und mit Pflaumen belegen.

3. Marzipan in feine Würfel schneiden. Mit Eigelb und Puderzucker glatt verrühren. Marzipanmasse in einen Spritzbeutel mit Sterntülle füllen und als Gitter auf die Törtchen spritzen. Im vorgeheizten Backofen (E-Herd: 200 °C / Umluft: 175 °C / Gas: Stufe 3) ca. 25 Minuten backen.

4. Konfitüre erwärmen, evtl. durch ein Sieb streichen und glattrühren. Konfitüre auf die Törtchen streichen und bei gleicher Temperatur weitere ca. 5 Minuten backen. Auskühlen lassen. Nach Belieben mit Puderzucker bestäuben und mit Minze verzieren.

Zubereitungszeit ca. 1½ Std.
(ohne Wartezeit).
Pro Stück ca. 650 kcal / 2730 kJ.

Käsekuchen mit Pflaumen

Zutaten für ca. 12 Stücke:

- 250 g Mehl
- 1 Msp. Backpulver
- 4 Eier (Gr. M)
- 1 Prise Salz
- 75 g + 100 g Zucker
- 2 Päckchen Vanillin-Zucker
- 125 g Butter/Margarine
- 2 EL Zitronensaft
- 750 g Magerquark
- je 1 Päckchen Pudding- und Soßenpulver „Vanille-Geschmack" (für je ½ l Milch; zum Kochen)
- Fett für die Form
- 2 EL (50 g) Pflaumenmus
- 750 g Pflaumen/Zwetschen
- 2 EL (50 g) Himbeergelee
- Hagelzucker zum Bestreuen

1. Für den Mürbeteig Mehl, Backpulver, 1 Ei, Salz, 75 g Zucker, 1 Päckchen Vanillin-Zucker und kaltes Fett in Flöckchen glatt verkneten. Ca. 30 Minuten kalt stellen.

2. 3 Eier, 100 g Zucker und 1 Päckchen Vanillin-Zucker schaumig schlagen. Zitronensaft, Quark, Pudding- und Soßenpulver unterrühren.

3. Springformboden (ca. 26 cm Ø) fetten. Teig darauf ausrollen, öfter einstechen. Mit Pflaumenmus bestreichen und den Formrand darumschließen. Quarkmasse einfüllen und glattstreichen. Im vorgeheizten Backofen (E-Herd: 200 °C / Umluft: 175 °C/ Gas: Stufe 3) ca. 30 Minuten backen.

4. Pflaumen waschen, entsteinen und vierteln oder etwas einschneiden.

5. Kuchen mit Pflaumen belegen und bei gleicher Temperatur weitere ca. 45 Minuten backen. Auskühlen lassen. Gelee erwärmen und die Pflaumen damit bestreichen. Mit Hagelzucker bestreuen.

Zubereitungszeit ca. 1¾ Std. (ohne Wartezeit).
Pro Stück ca. 360 kcal / 1510 kJ.

Pflaumenkuchen

Gedeckter Pflaumenkuchen

Zutaten für ca. 16 Stücke:

- 300 g Mehl
- 150 g Butter/Margarine
- 100 g + 75 g Zucker
- 1 Päckchen Vanillin-Zucker
- 1 Prise Salz
- 1 Ei (Gr. M)
- 100 g Mandelstifte
- 2 Gläser (à 720 ml) Pflaumen
- 2 Päckchen Puddingpulver
  „Vanille-Geschmack"
  (für je ½ l Milch; zum Kochen)
- ca. ½ TL gemahlener Zimt
- Fett für die Form
- 3 Obstkuchen-Oblaten zum
  Mitbacken (gibt's fertig)
- 1 Eigelb
- 1 EL Milch
- 1–2 EL Hagelzucker

1. Für den Mürbeteig Mehl, kaltes Fett in Stückchen, 100 g Zucker, Vanillin-Zucker, Salz und Ei verkneten. Teig zugedeckt ca. 30 Minuten kühl stellen.

2. Mandeln in einer Pfanne ohne Fett goldgelb rösten. Pflaumen auf einem Sieb gut abtropfen, Saft dabei auffangen. 100 ml Pflaumensaft, 75 g Zucker und Puddingpulver verrühren. Rest Saft aufkochen und mit angerührtem Puddingpulver binden. Pflaumen und Mandeln, bis auf 2 EL, unterheben. Mit Zimt abschmecken, abkühlen lassen.

3. Eine Springform (26 cm Ø) fetten. ⅓ Teig auf dem Formboden ausrollen. Formrand darumschließen. ⅓ Teig halbieren. Je ca. 5 cm breit und ca. 36 cm lang ausrollen. Streifen in der Form als Rand festdrücken. Boden mit Oblaten belegen. Pflaumen-Kompott

hineinfüllen. Übrigen Teig zum Kreis (26 cm Ø) ausrollen und auf das Kompott legen. Ränder gut festdrücken. Im vorgeheizten Backofen (E-Herd: 200 °C / Umluft: 175 °C/ Gas: Stufe 3) ca. 50 Minuten backen.

4. Eigelb und Milch verquirlen. Nach ca. 40 Minuten Backzeit auf den Kuchen streichen. Kuchen herausnehmen und etwas abkühlen lassen. Mit restlichen Mandeln und Hagelzucker bestreuen. Auskühlen lassen.

Zubereitungszeit ca. 1¾ Std.
(ohne Wartezeit).
Pro Stück ca. 320 kcal / 1340 kJ.

Pflaumenkuchen

Marzipan-Pflaumen-Kuchen

Zutaten für ca. 12 Stücke:

- 1 kg Pflaumen/Zwetschen
- 100 g Marzipan-Rohmasse
- 125 g Butter/Margarine
- 100 g Zucker
- 3 Eier (Gr. M)
- einige Tropfen Bittermandel-Backaroma
- 4 EL Milch
- 250 g Mehl
- ½ Päckchen Backpulver
- Fett für die Form
- 2 EL Puderzucker

1. Die Pflaumen putzen, gründlich waschen, trockentupfen, halbieren und die Steine entfernen. Pflaumen mit einem Messer vierteln bzw. in Spalten schneiden.

2. Für den Rührteig Marzipan fein würfeln. Weiches Fett, Zucker und Marzipan mit den Schneebesen des Handrührgerätes schaumig schlagen. Eier nacheinander gut unterrühren. Mandel-Aroma und Milch unterrühren. Mehl und Backpulver mischen und kurz unterrühren.

3. Teig in eine gefettete Springform (24 oder 26 cm Ø) füllen und glattstreichen. Pflaumenviertel dicht an dicht leicht in den Teig drücken. Im vorgeheizten Backofen (E-Herd: 175 °C / Umluft: 150 °C / Gas: Stufe 2) ca. 1 Stunde backen. Kuchen auskühlen lassen. Vor dem Servieren mit Puderzucker bestäuben.

Zubereitungszeit ca. 1½ Std.
(ohne Wartezeit).
Pro Stück ca. 310 kcal / 1300 kJ.

Pflaumenkuchen

Pflaumen-Nuß-Kuchen mit Zimtbaiser

Zutaten für ca. 20 Stücke:

- 2 kg Pflaumen/Zwetschen
- 175 g Butter/Margarine
- 200 g + 2 EL + 175 g Zucker
- 1 Päckchen Vanillin-Zucker
- 4 Eier (Gr. M)
- 300 g gemahlene Haselnüsse
- 2 EL Rum
- ⅛ l Milch
- 350 g Mehl
- 1 Päckchen Backpulver
- Fett und Mehl für die Fettpfanne
- 3 frische Eiweiß
- 2 TL Zitronensaft
- 1 TL Zimt
- 3 EL Haselnußblättchen

1. Pflaumen putzen, waschen, einschneiden und entsteinen. Für den Rührteig weiches Fett, 200 g Zucker und Vanillin-Zucker cremig rühren. Eier einzeln unterrühren. Nacheinander Nüsse, Rum und Milch unterrühren. Mehl und Backpulver mischen, unter die Nußmasse rühren.

2. Eine Fettpfanne (ca. 35 x 40 cm) fetten und mit Mehl bestäuben. Teig daraufstreichen. Mit Pflaumen belegen und mit 2 EL Zucker bestreuen. Im vorgeheizten Backofen (E-Herd: 200 °C / Umluft: 175 °C / Gas: Stufe 3) zunächst 20–25 Minuten backen.

3. Eiweiß steif schlagen. 175 g Zucker, Zitronensaft und Zimt nach und nach einrieseln lassen. Baisermasse in einen Spritzbeutel mit Sterntülle füllen und ca. 20 Tupfen auf den Kuchen spritzen. Bei gleicher Temperatur weitere ca. 20 Minuten backen.

4. Kuchen auskühlen lassen und in Stücke schneiden. Mit Haselnußblättchen bestreuen.

Zubereitungszeit ca. 1½ Std.
(ohne Wartezeit).
Pro Stück ca. 400 kcal / 1680 kJ.

Pflaumenkuchen

Pflaumen-Mascarpone-Schnitten

Zutaten für ca. 8 Stücke:

- 4 Scheiben (à 75 g) TK-Blätterteig
- Mehl für die Arbeitsfläche
- 1 Eigelb
- 2 TL Schlagsahne
- 300 g Pflaumen/Zwetschen
- 3–4 EL (à 15 g) Zucker
- 1 Päckchen Vanillin-Zucker
- 100 g Mascarpone
  (ital. Frischkäse)
- 150 g Magerquark
- ½ TL gemahlener Zimt
- 2 EL Zitronensaft
- 2 EL gehackte Pistazien
- Backpapier

1. Blätterteig auftauen lassen. Die Scheiben aufeinanderlegen und auf bemehlter Fläche zu einem Rechteck (ca. 25 x 30 cm) ausrollen. Längsseiten ca. 4 cm zur Mitte hin umklappen. Ränder mehrmals quer einschneiden. Mitte mehrmals einstechen.

2. Blätterteigstreifen auf ein mit Backpapier ausgelegtes Backblech legen. Im vorgeheizten Backofen (E-Herd: 200 °C / Umluft: 175 °C / Gas: Stufe 3) zunächst ca. 15 Minuten backen. Eigelb und Sahne verquirlen. Teigränder damit bestreichen. Kuchen bei gleicher Temperatur weitere ca. 10 Minuten backen. Auskühlen lassen.

3. Pflaumen putzen, waschen, entsteinen und evtl. vierteln. Mit 1–2 EL Zucker und Vanillin-Zucker aufkochen. Unter Rühren 5–7 Minuten köcheln lassen. Kompott auskühlen lassen.

4. Mascarpone, Quark, 2 EL Zucker, Zimt und Zitronensaft verrühren. In die Mitte des Streifens füllen und das Kompott darauf verteilen. Mit Pistazien bestreuen.

Zubereitungszeit ca. 1 Std.
(ohne Wartezeit).
Pro Stück ca. 290 kcal / 1210 kJ.

Pflaumenkuchen

Pflaumen-Torte mit Baiserhaube

Zutaten für ca. 16 Stücke:

- 750 g Pflaumen/Zwetschen
- 5 Eier (Gr. M)
- 200 g Marzipan-Rohmasse
- 150 g Butter/Margarine
- 75 g + 150 g Zucker
- 250 g Mehl
- 1 EL Backpulver
- Fett für die Form
- 1 TL Zitronensaft

1. Pflaumen waschen, entsteinen und vierteln. Für den Rührteig 2 Eier trennen. Marzipan in feine Würfel schneiden. Weiches Fett und 75 g Zucker mit den Schneebesen des Handrührgerätes schaumig rühren. 3 Eier, Eigelb und Marzipan unterrühren. Mehl und Backpulver mischen, unterrühren.

2. Teig in eine gefettete Springform (26 cm Ø) streichen. Pflaumen darauf verteilen. Im vorgeheizten Backofen (E-Herd: 175 °C / Umluft: 150 °C/ Gas: Stufe 2) ca. 45 Minuten backen.

3. 2 Eiweiß und Zitronensaft steif schlagen. 150 g Zucker dabei einrie-

seln lassen. Baisermasse in einen Spritzbeutel mit großer Sterntülle füllen. Baiser dicht an dicht in dicken Tuffs auf die Pflaumen spritzen und weitere ca. 15 Minuten backen. Kuchen auskühlen lassen.

Zubereitungszeit ca. 1½ Std.
(ohne Wartezeit).
Pro Stück ca. 310 kcal / 1300 kJ.

Pflaumenkuchen

Hefekranz mit Pflaumenfüllung

Zutaten für ca. 20 Stücke:

- ⅛ l Milch
- 50 g Butter/Margarine
- 1 Päckchen (7 g) Trockenhefe
- 375 g Mehl
- 50 g + 75 g Zucker
- 1 Ei (Gr. M)
- 1 kg Pflaumen
- 100 g gemahlene Haselnüsse
- 2 EL Pflaumenmus
- 1 Päckchen unbehandelte Zitronen-schale (gibt's gerieben zu kaufen)
- 2 TL gemahlener Zimt
- Fett für die Form
- 50 g Puderzucker
- 1–2 EL Zitronensaft
- 2 EL Kirschkonfitüre

1. Milch und Fett erwärmen. Hefe und Mehl mischen. 50 g Zucker, Fett-Milch-Gemisch und Ei zugeben. Alles zu einem geschmeidigen Hefeteig verkneten. Zugedeckt an einem warmen Ort ca. 30 Minuten gehen lassen.

2. Pflaumen putzen, waschen, entsteinen und würfeln. Mit Nüssen, Pflaumenmus, 75 g Zucker, Zitronenschale und Zimt gut vermischen.

3. Hefeteig zu einem Rechteck (ca. 25 x 60 cm) ausrollen. Pflaumenmasse gleichmäßig darauf verteilen und von der Längsseite her aufrollen.

4. Eine Springform (26 cm Ø) mit Rohrbodeneinsatz fetten. Teig hineinlegen und ca. 1 cm tief zackenförmig einschneiden. Teig nochmals ca. 30 Minuten gehen lassen. Im vorgeheizten Backofen (E-Herd: 200 °C/ Umluft: 175 °C / Gas: Stufe 3) 50–60 Minuten backen.

5. Puderzucker und Zitronensaft glattrühren. Konfitüre erwärmen. Kranz zuerst mit Konfitüre, dann mit Zuckerguß bestreichen.

Zubereitungszeit ca. 2½ Std.
Pro Stück ca. 200 kcal / 840 kJ.

Pflaumenkuchen mit Walnuß-Krokant

Zutaten für ca. 24 Stücke:

- 1,5 kg reife Pflaumen/Zwetschen
- 500 g Mehl
- ¼ l Milch
- 50 g + 150 g Zucker
- 1 Päckchen Vanillin-Zucker
- 1 Würfel (42 g) frische Hefe
- 75 g + 100 g Butter/Margarine
- 1 Ei (Gr. M)
- 300 g Walnußkerne
- 6 EL Schlagsahne
- 2 EL flüssiger Honig
- Fett für das Backblech
- etwas Öl und Alufolie

1. Pflaumen putzen, waschen und gut abtropfen lassen. Pflaumen halbieren und den Stein entfernen. Pfaumen in Spalten schneiden.

2. Für den Hefeteig Mehl in eine Schüssel geben und in die Mitte eine Mulde drücken. Milch leicht erwärmen. Mit 50 g Zucker, Vanillin-Zucker und Hefe glattrühren. In die Mulde geben und mit etwas Mehl verrühren. Zugedeckt an einem warmen Ort ca. 15 Minuten gehen lassen.

3. 75 g Fett und das Ei zum Vorteig geben. Alles mit den Knethaken des Handrührgerätes zu einem glatten Teig verkneten. Zugedeckt weitere ca. 20 Minuten gehen lassen.

4. Für den Walnuß-Krokant die Nüsse grob hacken. 150 g Zucker in eine Pfanne geben und bei schwacher Hitze hellbraun karamelisieren lassen. 100 g Fett unter Rühren darin schmelzen. Sahne und Honig zufügen und unter Rühren aufkochen lassen.

5. Die gehackten Walnüsse unterrühren und alles auf geölte Alufolie geben. Abkühlen lassen. Hefeteig mit den Händen nochmals kräftig durchkneten. Auf einem gefetteten Backblech (ca. 35 x 40 cm) ausrollen.

6. Teig mit den Pflaumen dick belegen. Krokant etwas zerbröckeln und darauf verteilen. Weitere ca. 15 Minuten gehen lassen. Im vorgeheizten Backofen (E-Herd: 200 °C / Umluft: 175 °C / Gas: Stufe 3) ca. 40 Minuten backen. Auskühlen lassen. Dann in Stücke schneiden. Dazu schmeckt Schlagsahne.

**Zubereitungszeit ca. 1¼ Std.
Pro Stück ca. 310 kcal / 1300 kJ.**

Karamelisierter Apfelkuchen

Zutaten für ca. 16 Stücke:

- 600 g mittelgroße Äpfel
- Saft von 1 Zitrone
- 3 Eier (Gr. M)
- 175 g + 100 g Zucker
- 175 ml Öl
- 175 g Mehl
- 1½ TL Backpulver
- 1 EL Puddingpulver „Vanille-Geschmack" (für ½ l Milch; zum Kochen)
- 50 g Butter
- 3–4 EL Aprikosen-Konfitüre
- 1 EL Puderzucker
- Backpapier

1. Äpfel schälen, vierteln, entkernen und in dünne Spalten schneiden. Mit Zitronensaft beträufeln.

2. Eier und 175 g Zucker schaumig rühren. Öl nach und nach unterrühren. Mehl, Back- und Puddingpulver mischen und unter die Masse rühren.

3. Butter schmelzen lassen. 100 g Zucker in einem Topf goldgelb karamelisieren. Butter zufügen. So lange rühren, bis der Karamel dickflüssig ist.

4. Eine Springform (26 cm Ø) am Boden mit Backpapier auslegen. Den Karamel gleichmäßig in die Form streichen. Apfelspalten kreisförmig darauf verteilen. Teig darübergeben und glattstreichen.

5. Im vorgeheizten Backofen (E-Herd: 175 °C / Umluft: 150 °C/ Gas: Stufe 2) ca. 45 Minuten backen. Kuchen herausnehmen und kurz abkühlen lassen. Dann vorsichtig auf ein Gitter stürzen, aus der Form lösen und das Backpapier abziehen. Konfitüre erwärmen und evtl. durch ein Sieb streichen. Äpfel damit bestreichen. Kuchen mit Puderzucker bestäuben. Dazu schmeckt Schlagsahne.

Zubereitungszeit ca. 1½ Std. (ohne Wartezeit).
Pro Stück ca. 260 kcal / 1090 kJ.

Feine

Apfelkuchen

Ein Hit auf jeder Kaffeetafel

Apfelkuchen

Apfel-Nuß-Sahne-Torte

Zutaten für ca. 16 Stücke:

- 4 Eier (Gr. M)
- 100 g + 50 g + 6 EL (à 15 g) Zucker
- 100 g gemahlene Haselnüsse
- 800 g + 200 g säuerliche Äpfel
- 1 Zimtstange
- Schale und Saft von 1 unbehandelten Zitrone
- 1 EL Speisestärke
- 3 Blatt weiße Gelatine
- 250 g Mascarpone (ital. Frischkäse)
- 250 g Magerquark
- 300 g Schlagsahne
- 50 g Haselnußblättchen
- evtl. 2 Stiele Minze zum Verzieren
- Backpapier

1. Für den Biskuitteig Eier trennen. Eiweiß steif schlagen, 100 g Zucker dabei einrieseln lassen. Eigelb und gemahlene Haselnüsse unterheben. In eine am Boden mit Backpapier ausgelegte Springform (26 cm Ø) streichen. Im vorgeheizten Backofen (E-Herd: 175 °C / Umluft: 150 °C / Gas: Stufe 2) ca. 30 Minuten backen.

2. 800 g Äpfel schälen, entkernen und würfeln. Mit 50 g Zucker, 4 EL Wasser, Zimtstange, Zitronenschale und -saft 3 Minuten dünsten. Stärke und 2 EL Wasser verrühren. Ins Apfelkompott rühren und nochmals aufkochen lassen. Zitronenschale und Zimtstange entfernen. Abkühlen lassen.

3. Gelatine in kaltem Wasser einweichen. Mascarpone, Quark und 2 EL Zucker verrühren. Gelatine aus-

drücken, auflösen und unterrühren. Biskuitboden halbieren. Apfelkompott auf den unteren Boden streichen. Mascarpone-Creme auf die Äpfel streichen. Kalt stellen.

4. 200 g Äpfel waschen, entkernen und in Spalten schneiden. In 4 EL Wasser und 2 EL Zucker ca. 2 Minuten dünsten. Abkühlen lassen. Sahne steif schlagen, dabei 2 EL Zucker einrieseln lassen. Torte mit ²/₃ Sahne einstreichen. Torte mit Rest Sahne, Äpfeln, Nüssen und Minze verzieren.

Zubereitungszeit ca. 1¾ Std. (ohne Wartezeit). Pro Stück ca. 320 kcal / 1340 kJ.

Französische Apfel-Tarte

Zutaten für ca. 12 Stücke:

- 100 g Butter
- 30 g Kokosfett
- 175 g Mehl
- ¼ TL Salz
- 4–6 EL eiskaltes Wasser
- 750 g säuerliche Äpfel
- Saft von 1 Zitrone
- Fett für die Form
- 4–5 EL Aprikosen-Konfitüre
  oder Apfelgelee
- 2 EL Puderzucker
- Klarsichtfolie, evtl. Pergamentpapier

1. Butter und Kokosfett schmelzen. Mit Mehl und Salz verkneten. Soviel eiskaltes Wasser unterkneten, daß ein geschmeidiger Teig entsteht. Zugedeckt 2–3 Stunden kalt stellen.

2. Äpfel schälen, vierteln und das Kerngehäuse herausschneiden. Apfelviertel in schmale Spalten schneiden und mit Zitronensaft beträufeln.

3. Teig zwischen Folie in Größe einer Tarteform (28 cm Ø) ausrollen. Teig in die gefettete Form legen, leicht an-

drücken und evtl. die überstehenden Teigränder abschneiden. Teigboden mit einer Gabel öfters einstechen.

4. Apfelspalten dachziegelartig auf den Teig legen. Konfitüre oder Gelee erwärmen, Äpfel damit bestreichen.

5. Im vorgeheizten Backofen (E-Herd: 225 °C / Umluft: 200 °C / Gas: Stufe 4) 25–30 Minuten backen. Zuletzt evtl. mit Pergamentpapier abdecken. Mit Puderzucker bestreuen und lauwarm servieren.

Zubereitungszeit ca. 1½ Std.
Wartezeit 2–3 Std.
Pro Stück ca. 190 kcal / 790 kJ.

Apfelkuchen

Eierlikör-Apfel-Torte

Zutaten für ca. 16 Stücke:

- 250 g Mehl, 1 TL Backpulver
- 100 g Butter/Margarine
- 100 g + 200 g Zucker
- 1 Ei (Gr. M)
- 1 kg säuerliche Äpfel
- Fett für die Form
- ½ l Apfelsaft
- 2 Päckchen Puddingpulver „Vanille-Geschmack" (für je ½ l Milch; zum Kochen)
- ½ l Weißwein
- 1 Päckchen Vanillin-Zucker
- 250 g Schlagsahne
- 100 ml Eierlikör

1. Für den Mürbeteig Mehl, Backpulver, kaltes Fett in Stückchen, 100 g Zucker, Ei und 2 EL kaltes Wasser zu einem glatten Teig verkneten. Zugedeckt ca. 30 Minuten kalt stellen.

2. Äpfel schälen, entkernen und kleinschneiden. ⅔ des Mürbeteigs auf einem gefetteten Springformboden (28 cm Ø) ausrollen. Formrand darumschließen. Übrigen Teig zu einer Rolle formen, in den Rand der Springform setzen und daraus einen ca. 3 cm hohen Rand formen. Apfelstücke auf dem Boden verteilen.

3. 5 EL Apfelsaft und Puddingpulver verrühren. Übrigen Apfelsaft, Wein, 200 g Zucker und Vanillin-Zucker aufkochen. Puddingpulver unter Rühren zugießen und kurz aufkochen lassen. Über die Äpfel gießen. Im vorgeheizten Backofen (E-Herd: 175 °C / Umluft: 150 °C / Gas: Stufe 2) ca. 1 Stunde backen. Torte auskühlen lassen und zugedeckt über Nacht kalt stellen.

4. Kurz vor dem Servieren Sahne steif schlagen und auf die Apfel-Pudding-Schicht verteilen. Eierlikör darüberträufeln.

Zubereitungszeit ca. 2¼ Std.
Wartezeit ca. 8 Std.
Pro Stück ca. 330 kcal / 1380 kJ.

EXTRA-TIP

Falls Sie den Kuchen lieber ohne Alkohol backen möchten, können Sie den Weißwein auch durch Apfelsaft und den Eierlikör durch Vanille-Joghurt ersetzen.

Apfelkuchen

Apfelkuchen mit Streuseln

Zutaten für ca. 24 Stücke:

- 1,25 kg säuerliche Äpfel
- 6 EL Zitronensaft
- 200 g + 250 g Butter/Margarine
- 125 g + 150 g Zucker
- Salz
- ½ TL Zimt
- 250 g + 375 g Mehl
- 50 g gemahlene Mandeln oder Haselnüsse
- 1 Päckchen Vanillin-Zucker
- 5 Eier (Gr. M)
- 1 Päckchen Backpulver
- 75 ml Milch
- Fett für das Backblech
- 1 EL Puderzucker

1. Äpfel waschen, schälen, vierteln und das Kerngehäuse herausschneiden. Äpfel in kleine Stücke schneiden und mit Zitronensaft beträufeln.

2. Für die Streusel 200 g kaltes Fett in Stückchen, 125 g Zucker, 1 Prise Salz, Zimt, 250 g Mehl und Mandeln erst mit den Knethaken des Handrührgerätes verkneten. Dann mit den Händen zu groben Streuseln verarbeiten.

3. Für den Rührteig in einer großen Schüssel 250 g weiches Fett, 150 g Zucker, 1 Päckchen Vanillin-Zucker und 1 Prise Salz cremig rühren. Eier nacheinander unterrühren. 375 g Mehl und Backpulver mischen. Im Wechsel mit der Milch unterrühren. Apfelstückchen unterheben.

4. Apfel-Teigmasse auf ein gefettetes Backblech (ca. 35 x 40 cm) streichen. Streusel gleichmäßig darauf verteilen. Kuchen im vorgeheizten Backofen (E- Herd: 175 °C / Umluft: 150 °C/ Gas: Stufe 2) 30–35 Minuten backen. Abkühlen lassen und mit Puderzucker bestäuben. Dazu schmeckt geschlagene Sahne.

Zubereitungszeit ca. 1¼ Std.
(ohne Wartezeit).
Pro Stück ca. 340 kcal / 1420 kJ.

Apfelkuchen

Apfel-Gitter-Kuchen mit Mandeln

Zutaten für ca. 20 Stücke:

- 1,25–1,5 kg säuerliche Äpfel
- 2 Päckchen Puddingpulver „Vanille-Geschmack" (für je ½ l Milch; zum Kochen)
- 750 ml Apfelsaft
- Saft von 1 Zitrone
- 75 g + 100 g Zucker
- evtl. 2–3 EL Apfelschnaps
- 50 g + 50 g Mandelblättchen
- 500 g Magerquark
- 1 Ei (Gr. M)
- 8 EL + 1 EL Milch
- 8 EL Öl
- 1 Päckchen Vanillin-Zucker
- 500 g Mehl
- 1 Päckchen Backpulver
- Fett für das Backblech
- 1 Eigelb
- 1 EL Puderzucker

1. Äpfel schälen, entkernen und würfeln. Puddingpulver und 100 ml Apfelsaft verrühren. Rest Saft, Zitronensaft, 75 g Zucker und Äpfel ca. 5 Minuten dünsten. Evtl. Schnaps zufügen. Kompott mit angerührtem Puddingpulver binden. 50 g Mandeln unterheben. Abkühlen lassen.

2. Magerquark, Ei, 8 EL Milch, Öl, 100 g Zucker und Vanillin-Zucker verrühren. Mehl und Backpulver vermischen und unterkneten. Ein Backblech (ca. 35 x 40 cm) fetten und ⅔ Teig darauf ausrollen. Mit Apfelkompott gleichmäßig bestreichen.

3. Restlichen Teig zu einem Quadrat (ca. 30 x 30 cm) ausrollen und in 3 Streifen schneiden. Jeweils mit dem Gitterschneider darüberrollen, etwas auseinanderziehen und auf das Kompott legen (oder den Teig in schmale Streifen schneiden und als Gitter darüberlegen).

4. Eigelb und 1 EL Milch verquirlen, Gitter damit bestreichen. Mit 50 g Mandelblättchen bestreuen. Im vorgeheizten Backofen (E-Herd: 175 °C/ Umluft: 150 °C / Gas: Stufe 2) ca. 30 Minuten backen. Mit Puderzucker bestäuben.

Zubereitungszeit ca. 1½ Std.
(ohne Wartezeit).
Pro Stück ca. 280 kcal / 1170 kJ.

Apfelkuchen

Apfel-Marmor-Kuchen

Zutaten für ca. 20 Stücke:

- ¼ l Milch
- 50 g + 50 g + 200 g Zucker
- 5 Eier (Gr. M)
- 1 Eigelb (Gr. M)
- Mark von 1 Vanilleschote
- 250 g Butter/Margarine
- 400 g + 20 g Mehl
- 2 TL Backpulver
- abgeriebene Schale von ½ unbehandelten Orange
- 200 g Nußnougat, schnittfest
- 250 g säuerliche Äpfel
- Fett und Paniermehl für die Form
- 1–2 EL Puderzucker

1. Milch erhitzen. 50 g Zucker in einem Topf bei mittlerer Hitze goldbraun karamelisieren lassen. Milch unter Rühren zugießen, aufkochen und etwas abkühlen lassen. 2 Eier, Eigelb, 50 g Zucker und Vanillemark verrühren. Zur Karamelmilch geben und bei schwacher Hitze so lange rühren, bis sie leicht cremig ist. Nicht mehr kochen lassen!

2. Für den Rührteig Fett mit den Schneebesen des Handrührgerätes schaumig schlagen. 200 g Zucker und nacheinander 3 Eier zugeben und cremig rühren. 400 g Mehl und Backpulver mischen und unter den Teig rühren. Karamel-Creme und Orangenschale unterrühren. Nougat im heißen Wasserbad schmelzen lassen. Nougat unter ⅓ Teig rühren.

3. Äpfel schälen, vierteln, entkernen und kleinschneiden. In 20 g Mehl wenden und unter Rest Teig heben.

4. Eine Napfkuchenform (22 cm Ø; ca. 2 l Inhalt) fetten und mit Paniermehl ausstreuen. Den Apfelteig hineinfüllen. Den Nougatteig daraufgeben und mit einer Gabel spiralförmig unter den hellen Teig ziehen.

5. Kuchen im vorgeheizten Backofen (E-Herd: 175 °C / Umluft: 150 °C/ Gas: Stufe 2) ca. 1¼ Stunden backen. Danach ca. 10 Minuten in der Form ruhen lassen. Stürzen und auskühlen lassen. Mit Puderzucker bestäuben.

Zubereitungszeit ca. 2 Std.
(ohne Wartezeit).
Pro Stück ca. 320 kcal / 1340 kJ.

Schweizer Apfelwähe mit Preiselbeeren

Zutaten für ca. 12 Stücke:

- ⅛ l Milch
- 1 EL Butter/Margarine
- 250 g Mehl
- 50 g + 100 g Zucker
- ½ Würfel (20 g) frische Hefe
- 5 Eier (Gr. M)
- Schale von ½ unbehandelten Zitrone
- 1 kg säuerliche Äpfel
- Fett und Paniermehl für die Form
- 200 g Schmand oder Crème fraîche
- 4 EL Preiselbeeren im eigenen Saft (aus dem Glas)
- 1 TL Puderzucker

1. Milch erwärmen. Fett schmelzen. Mehl, 50 g Zucker, lauwarme Milch, Hefe, 1 Ei, zerlassenes Fett und Zitronenschale zu einem Hefeteig verkneten. Zugedeckt an einem warmen Ort ca. 20 Minuten gehen lassen.

2. Äpfel schälen, halbieren und entkernen. Apfelhälften auf der runden Seite längs mehrmals einschneiden.

3. Eine Tarteform (30 cm Ø) fetten und mit Paniermehl ausstreuen. Teig durchkneten. Zu einem Kreis (ca. 34 cm Ø) ausrollen, in die Form legen.

4. Äpfel auf den Teig legen. Nochmals 20 Minuten gehen lassen. Schmand, 4 Eier und 100 g Zucker verrühren und über die Äpfel gießen. Im vorgeheizten Backofen (E-Herd: 200 °C/ Umluft: 175 °C / Gas: Stufe 3) ca. 40 Minuten backen. Kuchen etwas abkühlen lassen. Preiselbeeren darauf verteilen. Mit Puderzucker bestreuen.

Zubereitungszeit ca. 1¾ Std.
Pro Stück ca. 270 kcal/ 1130 kJ.

Apfelkuchen

Große Apfel-Hefe-Schnecke

Zutaten für ca. 12 Stücke:

- ¼ l Milch
- 70 g Butter/Margarine
- 1 Würfel (42 g) frische Hefe
- 500 g Mehl
- 50 g Zucker, 1 Prise Salz
- 500 g säuerliche Äpfel
- 150 g + 2 EL Aprikosen-Konfitüre
- 3 EL Zitronensaft
- 100 g Haselnußblättchen
- 150 g Rosinen
- Fett für die Form

1. Für den Hefeteig Milch und Fett erwärmen. Hefe darin auflösen. Mit Mehl, Zucker und Salz zu einem geschmeidigen Teig verkneten. Zugedeckt an einem warmen Ort mindestens 30 Minuten gehen lassen.

2. Äpfel waschen, vierteln und das Kerngehäuse entfernen. Äpfel in dünne Scheiben, dann in Stücke schneiden. 150 g Aprikosen-Konfitüre erwärmen. Apfelstücke, Zitronensaft, erwärmte Konfitüre, Nüsse und Rosinen gut vermischen.

3. Hefeteig nochmals durchkneten. Zu einem Rechteck (ca. 30 x 40 cm) ausrollen. Apfel-Füllung daraufgeben, glattstreichen und die Füllung etwas andrücken. Rechteck der Länge nach in 4 gleich große Streifen schneiden. Erst einen Teigstreifen zu einer Schnecke aufrollen und in eine gefettete Springform (26 cm Ø) legen. Dann die anderen Teigstreifen nacheinander um die Schnecke herumlegen, so daß eine große Schnecke entsteht. Die Teigstreifen jeweils vorsichtig etwas andrücken.

4. Nochmals weitere ca. 20 Minuten gehen lassen. Im vorgeheizten Backofen (E-Herd: 175 °C / Umluft: 150 °C / Gas: Stufe 2) ca. 50 Minuten backen. 10 Minuten vor Ende der Backzeit mit 2 EL Aprikosen-Konfitüre bestreichen.

Zubereitungszeit ca. 2¼ Std.
Pro Stück ca. 360 kcal / 1510 kJ.

Apfelkuchen

Gefüllte Apfeltaschen

Zutaten für 8 Stück:

- 500 g säuerliche Äpfel
- 2 EL Zitronensaft
- 2 EL + 90 g Zucker
- 150 g Magerquark
- 5 EL Milch
- 5 EL Öl
- 1 Prise Salz
- 300 g Mehl
- 1 Päckchen Backpulver
- 1 Ei (Gr. M)
- 1 EL Puderzucker
- Backpapier

1. Äpfel schälen, waschen, vierteln und das Kerngehäuse entfernen. Äpfel in kleine Würfel schneiden und sofort mit Zitronensaft beträufeln.

2. Apfelwürfel, 5 EL Wasser und 2 EL Zucker in einem Topf aufkochen lassen. Ca. 10 Minuten bei schwacher Hitze dünsten. Auskühlen lassen.

3. Für den Quark-Öl-Teig Magerquark, Milch, Öl, 90 g Zucker und Salz in eine Schüssel geben. Mehl und Backpulver mischen, zufügen und alles zu einem glatten Teig verkneten. Teig zum Rechteck (ca. 32 x 56 cm) ausrollen und daraus ca. 8 Stücke (ca. 4 x 7 cm) schneiden. Ei trennen. Teigränder mit Eiweiß bestreichen.

4. Je 2 EL Apfelkompott auf jeweils eine Hälfte der Rechtecke verteilen. Die anderen Hälften mehrmals einschneiden und über die Füllung klappen. Teigränder andrücken.

5. Apfeltaschen mit verquirltem Eigelb bestreichen. Auf ein mit Backpapier ausgelegtes Backblech legen. Im vorgeheizten Backofen (E-Herd: 200 °C / Umluft: 175 °C/ Gas: Stufe 3) ca. 15 Minuten backen. Apfeltaschen abkühlen lassen und mit Puderzucker bestäuben.

Zubereitungszeit ca. 1 Std.
(ohne Wartezeit).
Pro Stück ca. 310 kcal / 1300 kJ.

Orangen-Sahne-Torte

Zutaten für ca. 12 Stücke:

- 75 g Butter/Margarine
- 75 g + 2 EL Zucker
- 1 Päckchen Vanillin-Zucker
- 1 Ei (Gr. M)
- 75 g Mehl
- 1 Msp. Backpulver
- Fett für die Form
- 1 Packung „Quark-Sahnetorten-hilfe" (Cremepulver für 750 ml Flüssigkeit)
- 2 unbehandelte Orangen
- 500 g Magerquark
- 250 g Schlagsahne
- 1 Päckchen roter Tortenguß (für ¼ l Flüssigkeit)

1. Fett, 75 g Zucker und Vanillin-Zucker cremig rühren. Ei unterrühren. Mehl und Backpulver mischen und unterrühren.

2. Eine Springform (26 cm Ø) ausfetten. Teig einfüllen und glattstreichen. Im vorgeheizten Backofen (E-Herd: 175 °C / Umluft: 150 °C / Gas: Stufe 2) 25–30 Minuten backen. Auskühlen lassen.

3. Tortenhilfe und ½ l Wasser in eine fettfreie Schüssel geben und mit den Schneebesen des Handrührgerätes ca. 3 Minuten schaumig aufschlagen. 1 Orange heiß waschen, trockentupfen, die Schale auf die Masse reiben. Quark in vier Portionen unter die Masse rühren. Sahne steif schlagen und mit einem Schneebesen unterheben. Quarkmasse in die Form füllen und glattstreichen. Torte 3–4 Stunden kalt stellen.

4. Orangen dick schälen, so daß die weiße Haut vollständig entfernt wird. Fruchtfleisch in Scheiben schneiden und auf die Quarkmasse legen. 2 EL Zucker und Gußpulver in einem Topf verrühren. ¼ l Wasser nach und nach einrühren und aufkochen. Guß auf der Torte verteilen und fest werden lassen. Formrand lösen.

Zubereitungszeit ca. 1½ Std.
Wartezeit 3–4 Std.
Pro Stück ca. 290 kcal / 1210 kJ.

Erfrischen

de Obstkuchen

Mit Früchten aus fernen Ländern

Obstkuchen

Exotische Ananas-Torte

Zutaten für ca. 16 Stücke:

- 1 Dose (850 ml) Ananas in Scheiben
- 150 g Butter/Margarine
- 150 g + 2 EL Zucker
- 4 Eier (Gr. M)
- 200 g Mehl
- 100 g Speisestärke
- 100 g Kokosraspel
- 3 TL Backpulver
- 100 ml Milch
- Fett für die Form
- 100 g Ananas- oder
  Aprikosen-Konfitüre
- 8 Cocktailkirschen
- evtl. Minze und Kapstachelbeere
  zum Verzieren
- Backpapier

1. Ananas abtropfen lassen. Fett und 150 g Zucker schaumig rühren. Eier nach und nach zufügen und cremig rühren. Mehl, Stärke, Kokosraspel, bis auf 3 EL, und Backpulver mischen. Unter die Eimasse rühren. Milch dazugießen und gut unterrühren.

2. Boden einer Springform (28 cm Ø) mit Backpapier auslegen. Papier und Formrand leicht fetten. Ananasscheiben auf das Papier legen. Teig daraufgeben und glattstreichen. Im vorgeheizten Backofen (E-Herd: 175 °C / Umluft: 150 °C / Gas: Stufe 2) ca. 45 Minuten backen. Danach in der Form auskühlen lassen.

3. Formrand lösen und den Kuchen stürzen. Papier entfernen. Konfitüre in einem kleinen Topf erwärmen und durch ein Sieb streichen. Torte damit rundherum einstreichen. Restliche Kokosraspel am Rand verteilen. Kirschen in 2 EL Zucker wälzen. Torte mit Kirschen und evtl. mit Minze und Kapstachelbeere verzieren.

Zubereitungszeit ca. 1¼ Std.
(ohne Wartezeit).
Pro Stück ca. 280 kcal/ 1170 kJ.

Zitronen-Buttermilch-Rolle

Zutaten für ca. 12 Stücke:

- 1 unbehandelte Zitrone
- 125 g Butter/Margarine
- 75 g + 1 EL + 2 EL Zucker
- 1 Päckchen Vanillin-Zucker
- 5 Eier (Gr. M)
- 100 g Mehl
- 1 TL Backpulver
- 175 g Erdbeer-Konfitüre
- 4 Blatt weiße Gelatine
- ¼ l Buttermilch
- 200 g Schlagsahne
- evtl. Zitronenecken und -melisse zum Verzieren
- Backpapier

1. Zitrone heiß waschen, trockentupfen und die Schale abreiben. Weiches Fett, 75 g Zucker, Vanillin-Zucker und Zitronenschale schaumig rühren. Eier trennen. Eigelb einzeln unterrühren, bis die Masse hellcremig ist. Eiweiß steif schlagen, auf die Creme geben. Mehl und Backpulver mischen und darübersieben, unterheben.

2. Teig auf ein mit Backpapier ausgelegtes Backblech (ca. 35 x 40 cm) streichen. Im vorgeheizten Backofen (E-Herd: 200 °C / Umluft: 175 °C/ Gas: Stufe 3) ca. 15 Minuten backen. Sofort auf ein mit 1 EL Zucker bestreutes Geschirrtuch stürzen. Papier abziehen. Etwas auskühlen lassen. Mit Konfitüre, bis auf 1 EL, bestreichen.

3. Gelatine in kaltem Wasser einweichen. Zitrone auspressen. Zitronensaft und 2 EL Zucker erwärmen. Gelatine ausdrücken und im Saft auflösen. Buttermilch unterrühren.

Buttermilchmasse kalt stellen, bis sie zu gelieren beginnt.

4. Sahne steif schlagen. ¼ davon in einen Spritzbeutel mit Sterntülle füllen, kalt stellen. Übrige Sahne unter die Buttermilchmasse heben. Auf die Konfitüre streichen, dabei am Rand rundum 1 cm frei lassen. Teig mit Hilfe des Geschirrtuches aufrollen. Ca. 3 Stunden kalt stellen.

5. Rolle schräg in ca. 12 Stücke schneiden. Mit Sahnetuffs verzieren. Mit Rest Konfitüre, Zitronenecken und -melisse verzieren.

Zubereitungszeit ca. 1½ Std.
Wartezeit ca. 3 Std.
Pro Stück ca. 290 kcal / 1210 kJ.

Obstkuchen

Maracuja-Flocken-Torte

Zutaten für ca. 12 Stücke:

- 3 Eier (Gr. M)
- 100 g + 50 g Zucker
- 1 Päckchen Vanillin-Zucker
- 75 g Mehl
- 50 g Speisestärke
- 1 TL Backpulver
- 8 Blatt weiße Gelatine
- 2 Dosen (à 314 ml) Mandarin-Orangen
- ½ l Maracujanektar oder -saft
- 400 g Schlagsahne
- ca. 2 TL Puderzucker
- Backpapier

1. Für den Biskuitteig Eier trennen. Eiweiß und 3 EL Wasser steif schlagen. 100 g Zucker und Vanillin-Zucker einrühren. Eigelb unterrühren. Mehl, Stärke und Backpulver mischen und unterheben.

2. In eine mit Backpapier ausgelegte Springform (26 cm Ø) füllen und glattstreichen. Im vorgeheizten Backofen (E-Herd: 175 °C / Umluft: 150 °C/ Gas: Stufe 2) 25–30 Minuten backen. Auskühlen lassen.

3. Gelatine in kaltem Wasser einweichen. Mandarinen abtropfen lassen. Maracujasaft mit 50 g Zucker verrühren und etwas erwärmen. Gelatine ausdrücken und im Saft auflösen. Ca. 2 Stunden kalt stellen, bis der Saft zu gelieren beginnt.

4. Sahne steif schlagen. ⅔ des gelierten Saftes unter die Sahne rühren. Mandarinen unterheben. Rest Saft als „Schlieren" unter die Sahne ziehen.

5. Boden durchschneiden, so daß oben ein dünner und unten ein dicker Boden entsteht. Dünnen Boden zerbröseln. Sahne kuppelartig auf den dicken Boden häufen. Biskuitbrösel darauf verteilen und vorsichtig andrücken. 3–4 Stunden kalt stellen. Mit Puderzucker bestäuben.

Zubereitungszeit ca. 1¼ Std.
Wartezeit 6–7 Std.
Pro Stück ca. 270 kcal / 1130 kJ.

Frischkäse-Torte mit Melone

Zutaten für ca. 12 Stücke:

- 100 g Butter
- 200 g Löffelbiskuits
- 1 Beutel Götterspeise „Zitronen-Geschmack" (für ½ l Flüssigkeit; kein Instant-Produkt)
- 100 g Doppelrahm-Frischkäse
- 75 g + 50 g Zucker
- 1 Päckchen Vanillin-Zucker
- 2 EL Zitronensaft
- 400 g Schlagsahne
- ca. 750 g Wassermelone
- ca. 200 g Honig- oder Charentaismelone
- evtl. Minze zum Verzieren

1. Butter schmelzen. Biskuits fein zerbröseln, mit der Butter mischen. Einen Springformrand (24 cm Ø) auf eine Tortenplatte stellen. Biskuitmasse in die Form geben und als Boden festdrücken. Kalt stellen.

2. Götterspeise mit nur ¼ l kaltem Wasser verrühren. 10 Minuten quellen lassen. Frischkäse, 75 g Zucker, Vanillin-Zucker und Zitronensaft glattrühren. 50 g Zucker zur Götterspeise geben, unter Rühren erhitzen. Nicht kochen! Ca. 1 Stunde kalt stellen.

3. Sahne steif schlagen. Sobald die Götterspeise zu gelieren beginnt, erst den Frischkäse, dann die Sahne, bis auf 2–3 EL, unterrühren. Masse auf den Bröselboden streichen. Restliche Sahne wellenförmig daraufstreichen. Torte ca. 4 Stunden kalt stellen.

4. Wassermelone entkernen und Kugeln ausstechen oder das Fruchtfleisch in Würfel schneiden. Honigmelone schälen, entkernen und in Scheiben schneiden. Torte mit Melonen und Minze verzieren.

**Zubereitungszeit ca. 1¼ Std.
Wartezeit ca. 5 Std.
Pro Stück ca. 300 kcal / 1260 kJ.**

Obstkuchen

Ananas-Kokos-Kuchen

Zutaten für ca. 25 Stücke:

- 1 Dose (850 ml) Ananasscheiben
- 200 g Kokosraspel
- 250 g Butter/Margarine
- 150 g Zucker
- 1 Päckchen Vanillin-Zucker
- 9 Eier (Gr. M)
- 150 g Mehl
- 100 g Speisestärke
- 2 gestr. TL Backpulver
- Fett für die Fettpfanne
- 300 g Schmand oder Crème fraîche
- ca. 75 ml Kokoslikör
- 3 EL Zitronensaft
- 100 g Ananas-Konfitüre oder Aprikosen-Konfitüre
- evtl. 10 Kapstachelbeeren, Minze und frische Kokosnußspäne zum Verzieren

1. Ananas abtropfen lassen und den Saft dabei auffangen. Ananas in Stücke schneiden. Kokosraspel in einer Pfanne ohne Fett goldbraun rösten.

2. Fett, Zucker und Vanillin-Zucker cremig rühren. 4 Eier einzeln unterrühren. Mehl, Stärke und Backpulver mischen, unterrühren. ⅔ Ananas und 150 g geröstete Kokosraspel unterheben. Teig auf eine gefettete Fettpfanne (ca. 32 x 39 cm) streichen.

3. 5 Eier, Schmand, Kokoslikör und Zitronensaft verrühren. Auf den Teig streichen. Im vorgeheizten Backofen (E-Herd: 175 °C / Umluft: 150 °C/ Gas: Stufe 2) ca. 45 Minuten backen. Kuchen auskühlen lassen.

4. Restliche Kokosraspel und Ananasstücke auf dem Kuchen verteilen. Konfitüre erwärmen, mit 4 EL Ananassaft verrühren und Kuchen damit bestreichen. Evtl. mit Kapstachelbeeren, Minze und frischen Kokosnußspänen verzieren.

Zubereitungszeit ca. 1¾ Std. (ohne Wartezeit).
Pro Stück ca. 300 kcal / 1260 kJ.

Limetten-Pie „Florida"

Zutaten für ca. 8 Stücke:

- 225 g Mehl
- 80 g Butter/Margarine
- 1 Prise Salz
- Mehl für die Arbeitsfläche
- Fett für die Form
- 4 Blatt weiße Gelatine
- 3 Limetten oder unbehandelte Zitronen
- 3 Eier (Gr. M)
- 75 g + 75 g Zucker
- evtl. 1 TL Angostura-Bitter
- 100 g Schlagsahne
- Limettenscheiben und -schale zum Verzieren
- getrocknete Erbsen und Pergamentpapier zum Blindbacken

1. Für den Mürbeteig Mehl, kaltes Fett in Stückchen, 1 Prise Salz und 6 EL eiskaltes Wasser zu einem glatten Teig verkneten. Zugedeckt ca. 30 Minuten kalt stellen.

2. Teig auf etwas Mehl zu einem Kreis (ca. 30 cm Ø) ausrollen. In eine gefettete Pieform (26 cm Ø) legen und mit einer Gabel mehrmals einstechen. Mit Pergamentpapier auslegen. Erbsen darauf verteilen. Den Boden im vorgeheizten Backofen (E-Herd: 200 °C/ Umluft: 175 °C / Gas: Stufe 3) 25–30 Minuten backen. Auskühlen lassen.

3. Gelatine in kaltem Wasser einweichen. 2 Limetten heiß waschen, trockentupfen und die Schale abreiben. Alle Limetten auspressen und 100 ml Saft abmessen.

4. Eier trennen. Eigelb, 75 g Zucker und Saft auf dem Wasserbad cremig aufschlagen. Gelatine ausdrücken, auflösen und unterrühren. Angostura und Limettenschale zufügen. Kalt stellen, bis die Creme zu gelieren beginnt.

5. Eiweiß und 75 g Zucker steif schlagen. Unter die gelierende Limetten-Creme heben. Auf den Boden streichen. Pie 2–3 Stunden kühl stellen. Sahne steif schlagen. Pie mit Sahnetuffs, Limettenscheiben und -schale verzieren.

Zubereitungszeit ca. 1¼ Std.
Wartezeit ca. 3 Std.
Pro Stück ca. 330 kcal /1380 kJ.

Florentiner Sahne-Torte

Zutaten für ca. 16 Stücke:

- 50 g Butter/Margarine
- 5 Eier (Gr. M)
- 100 g Zucker
- 150 g Mehl
- 1 Glas (360 ml) Kirschen
- 1 Dose (236 ml) Ananas
- 50 g Marzipan-Rohmasse
- 30 g + 20 g Borkenschokolade
- 50 g Aprikosen-Konfitüre
- 40 g + 1 EL (ca. 10 g) Mandelstifte
- 6 EL Rum
- 450 g + 150 g Schlagsahne
- 1 Päckchen Vanillin-Zucker
- 2 EL rote Belegkirschen
- ca. 24 Florentiner-Kekse

1. Eine Springform (26 cm Ø) am Boden mit Backpapier auslegen. Fett schmelzen, abkühlen lassen. Eier trennen. Eiweiß und Zucker steif schlagen. Erst Eigelb, dann Fett unterschlagen. Mehl daraufsieben, unterheben. Masse in die Form streichen. Im vorgeheizten Backofen (E-Herd: 175 °C / Umluft: 150 °C / Gas: Stufe 2) 25–30 Minuten backen. Auskühlen lassen.

2. Kirschen und Ananas abtropfen. Ananas und Marzipan würfeln. 30 g Borkenschokolade hacken. Vorbereitete Zutaten mit Konfitüre, 40 g Mandeln und Rum verrühren.

3. Boden 2x durchschneiden. 450 g Sahne und Vanillin-Zucker steif schlagen. Die 2 Böden mit je 1 Hälfte Frucht-Masse und ¼ Sahne bestreichen. Aufeinandersetzen und 3. Boden auflegen. Mit restlicher Sahne einstreichen.

4. Vor dem Servieren 10 g Mandeln rösten. 20 g Schokolade zerkleinern. Belegkirschen würfeln. 4 Kekse diagonal halbieren. 150 g Sahne steif schlagen. Torte mit Sahnetuffs, Mandeln, Schokolade, Kirschen und Keksen verzieren.

Zubereitungszeit ca. 1¾ Std.
(ohne Wartezeit).
Pro Stück ca. 340 kcal / 1420 kJ.

EINFRIER-TIP

❄ *Zum Einfrieren die Torte unverziert auf eine Palette setzen. 2 Stunden vorfrieren. Dann in Alufolie verpacken und einfrieren.*
Auftauen: Ca. 7 Stunden im Kühlschrank, dann verzieren.

die sich prima vorbereiten lassen

Jetzt backen, später genießen

Kuchen zum Vorbereiten

Fruchtige Käse-Sahne-Torte

Zutaten für ca. 16 Stücke:

- 100 g Mehl
- 50 g + 125 g Zucker
- 50 g Butter/Margarine
- 1 Eigelb (Gr. M)
- Fett für die Form
- 8 Blatt weiße Gelatine
- 1 Dose (446 ml) Ananasstücke
- 1 Dose (314 ml) Mandarinen
- 750 g Magerquark
- Schale und Saft von
  1 unbehandelten Zitrone
- 500 g Schlagsahne
- evtl. Gebäck zum Verzieren
- Backpapier

1. Mehl, 50 g Zucker, Fettstückchen und Eigelb verkneten. Zugedeckt mindestens 1 Stunde kalt stellen.

2. Teig auf gefettetem Formboden (26 cm Ø) ausrollen. Mehrmals einstechen. Im heißen Ofen (E-Herd: 200 °C/ Umluft: 175 °C / Gas: Stufe 3) ca. 15 Minuten backen. Auskühlen lassen.

3. Gelatine kalt einweichen. Obst abtropfen. Quark, 125 g Zucker, Zitronenschale und -saft verrühren. Gelatine auflösen, unterrühren. Quarkmasse kalt stellen, bis sie zu gelieren beginnt. Sahne steif schlagen. 5 EL Sahne in einem Spritzbeutel kalt stellen. Rest Sahne ziehen. Früchte, bis auf einige, unterheben.

4. Einen Torten- oder Springformrand um den Boden legen (bei der Springform den Rand mit Backpapier auslegen). Quark einfüllen. Ca. 3 Stunden kalt stellen. Torte mit Sahnetuffs, Früchten und evtl. Gebäck verzieren.

Zubereitungszeit ca. 1½ Std.
Wartezeit ca. 5 Std.
Pro Stück ca. 250 kcal / 1050 kJ.

EINFRIER-TIP

❄ *Diese Torte können Sie komplett verziert einfrieren! Damit die Deko nicht zerdrückt wird, Holzspießchen rundum in die Torte stecken.* Dann locker in Alufolie schlagen und im Gefriergerät lagern. <u>Auftauen:</u> Ohne Folie bei Zimmertemperatur ca. 5 Stunden.

Mascarpone-Kirsch-Torte

Zutaten für ca. 16 Stücke:

- 4 Eier (Gr. M)
- 150 g + 30 g + 60 g Zucker
- 100 g Mehl
- 75 g + 30 g Speisestärke
- 20 g Kakao
- 2 TL Backpulver
- Fett für die Form
- 1 Glas (720 ml) Kirschen
- 500 g Mascarpone
- 3 Päckchen Vanillin-Zucker
- 400 g Schlagsahne
- 2 Päckchen Sahnefestiger
- 50 g Halbbitter-Kuvertüre
- evtl. Cocktailkirschen und Minze zum Verzieren

1. Eier trennen. Eiweiß und 5 EL Wasser steif schlagen, 150 g Zucker dabei einrieseln lassen. Eigelb ein-zeln unterschlagen. Mehl, 75 g Stärke, Kakao und Backpulver sieben, unter-ziehen. In eine am Boden gefettete Springform (26 cm Ø) füllen. Im vor-geheizten Backofen (E-Herd: 175 °C/ Umluft: 150 °C / Gas: Stufe 2) ca. 30 Minuten backen. Auskühlen lassen.

2. Kirschen abtropfen, Saft dabei auf-fangen. 30 g Stärke und 100 ml Saft glattrühren. Rest Saft und 30 g Zucker aufkochen. Mit Stärke binden. Kir-schen einrühren. Auskühlen lassen.

3. Mascarpone, Vanillin-Zucker und 60 g Zucker verrühren. Sahne und Sahnefestiger steif schlagen, unter die Mascarpone-Creme heben.

4. Biskuitboden 2x durchschneiden. Springformrand um den unteren Bo-den legen. Ca. ¼ Kirschen in die Mitte geben (ca. 10 cm Ø) und ca. ⅓ der Mascarpone-Creme darum verteilen. Mit 2. Boden bedecken. Etwas Sahne in die Mitte, Rest Kirschen darum ver-teilen. Mit 3. Boden bedecken. Mit Rest Mascarpone-Creme einstreichen. Kalt stellen. Kuvertüre schmelzen. Torte mit Kuvertüre, Cocktailkirschen und Minze verzieren. Ca. 2 Stunden kühlen.

Zubereitungszeit ca. 1½ Std.
Wartezeit ca. 3 Std.
Pro Stück ca. 400 kcal / 1680 kJ.

EINFRIER-TIP

❄ *Mit der Schokoverzierung unver-packt ca. 1 Stunde vorfrieren, dann in Alufolie verpackt einfrieren. Auftauen: 2–3 Stunden bei Zim-mertemperatur oder über Nacht im Kühlschrank. Läßt sich leicht gefro-ren besonders gut schneiden.*

Kuchen zum Vorbereiten

Sahnige Himmelstorte

Zutaten für ca. 16 Stücke:

- 4 Eier (Gr. M)
- 450 g Mehl
- 250 g Butter/Margarine
- 250 g Zucker
- 1 Päckchen Vanillin-Zucker
- 1 Päckchen Backpulver
- Fett für die Form
- 100 g Hagelzucker
- 100 g Mandelblättchen
- 750 g Schmand (24 % Fett) oder Crème fraîche

1. Eier trennen, dabei jedes Eiweiß in je eine Tasse füllen. Mehl, kaltes Fett in Stückchen, Zucker, Eigelb, Vanillin-Zucker und Backpulver mit den Knethaken des Handrührgerätes zu einem glatten Teig verkneten. Teig waagerecht in 4 Stücke teilen.

2. Springformboden (26 cm Ø) fetten. ¼ des Teiges darauf ausrollen. 1 Eiweiß sehr steif schlagen und auf dem Boden verstreichen.

3. Boden mit ¼ Hagelzucker und ¼ Mandelblättchen bestreuen. Im vorgeheizten Backofen (E-Herd: 200 °C / Umluft: 175 °C / Gas: Stufe 3) 10-12 Minuten backen. Vorsichtig vom Springformboden lösen und auskühlen lassen.

4. Aus restlichem Teig und Zutaten auf die gleiche Art 3 weitere Böden backen. Auskühlen lassen.

5. Schmand mit den Schneebesen des Handrührgerätes cremig aufschlagen und gleichmäßig auf 3 Böden streichen. Böden übereinandersetzen. Mit letztem Boden bedecken. Torte gut verpackt mindestens 2 Tage im Kühlschrank durchziehen lassen.

Zubereitungszeit ca. 1½ Std.
Wartezeit ca. 2 Tage.
Pro Stück ca. 480 kcal / 2010 kJ.

EXTRA-TIP

Diese Torte läßt sich prima vorbacken, weil sie mindestens 2 Tage durchziehen muß. Aromadicht und stoßfest können Sie die Torte in einem Tortenbehälter mit Hebe-Tablett aufbewahren.

122

Erdbeer-Quark-Schnitten

Zutaten für ca. 30 Stücke:

- 500 g TK-Erdbeeren
- 250 g Butter/Margarine
- 175 g + 50 g Zucker
- 1 Päckchen Vanillin-Zucker
- 4 Eier (Gr. M)
- 250 g Mehl, 2 TL Backpulver
- 100 ml Milch
- 500 g Magerquark
- abgeriebene Schale von 1 unbehandelten Zitrone
- 700 g + 300 g + 200 g Schlagsahne
- 1½ Packungen (à 125 g) Sahne- und Creme-Festiger (z. B. „san-apart")
- Erdbeeren, Schoko-Dekor und Melisse zum Verzieren

1. Erdbeeren auftauen lassen. Weiches Fett, 175 g Zucker und Vanillin-Zucker schaumig rühren. Eier einzeln unterrühren. Mehl und Backpulver mischen, mit Milch unterrühren. Ein Backblech (ca. 35 x 40 cm) fetten und bemehlen. Teig daraufstreichen. Im heißen Backofen (E-Herd: 200 °C/ Umluft: 175 °C / Gas: Stufe 3) ca. 15 Minuten backen. Auskühlen lassen.

2. Erdbeeren pürieren. Mit 50 g Zucker, Quark und Zitronenschale verrühren. 700 g Sahne und ½ Packung Sahnefestiger steif schlagen. Unter den Erdbeer-Quark heben. Rest Festiger, bis auf 2 gehäufte TL, unterziehen. Masse auf den Boden streichen. 300 g Sahne und übrige 2 TL Festiger steif schlagen und auf den Erdbeer-Quark streichen. In ca. 30 Stücke schneiden.

3. Vorm Servieren 200 g Sahne steif schlagen. Erdbeer-Schnitten mit Sahnetuffs, Erdbeeren, Schoko-Dekor und Melisse verzieren.

Zubereitungszeit ca. 1½ Std. (ohne Wartezeit).
Pro Stück ca. 320 kcal / 1340 kJ.

EINFRIER-TIP

❄ *Kuchen mit feuchtem Messer in Stücke teilen. Portionsweise auf einem Tablett 2 Stunden vor-, dann in Alufolie einfrieren. <u>Auftauen:</u> Im Kühlschrank 7–8 Stunden.*

Kuchen zum Vorbereiten

Bananenkranz mit Schoko-Guß

Zutaten für ca. 25 Stücke:

- 7 reife Bananen (ca. 1 kg)
- 60 g Butter/Margarine
- 300 g Zucker
- abgeriebene Schale von 1 unbehandelten Zitrone
- 1 Päckchen Vanillin-Zucker
- 4 Eier (Gr. M)
- 500 g Mehl
- 1 Päckchen Backpulver
- 5 EL Milch
- je 100 g gemahlene Mandeln und Haselnüsse
- Fett und Paniermehl für die Form
- 2 Beutel (à 100 g) dunkle Kuchenglasur
- 200 g Schlagsahne
- 1 TL Zitronensaft

1. 6 Bananen (900 g) schälen und fein zerdrücken. Bananenmus, Fett, Zucker, Zitronenschale und Vanillin-Zucker cremig rühren. Eier einzeln unterrühren. Mehl und Backpulver mischen und in Portionen unter-rühren. Milch, Mandeln und Hasel-nüsse unterrühren.

2. In eine gefettete, mit Paniermehl ausgestreute Springform (26 cm Ø) mit Rohrbodeneinsatz füllen. Im vor-geheizten Backofen (E-Herd: 175 °C/ Umluft: 150 °C / Gas: Stufe 2) ca. 50 Minuten backen. Auskühlen.

3. Kuchenglasur im Beutel ca. 10 Minuten in heißes Wasser stellen und auflösen. Dann die Beutel aufschnei-den und die Glasur über den Kuchen verteilen. Glasur trocknen lassen.

4. Vor dem Servieren Sahne steif schlagen und dicke Tuffs auf den Kuchen spritzen. Übrige Banane schälen, in Scheiben schneiden und mit Zitronensaft beträufeln. Scheiben in die Sahnetuffs setzen.

Zubereitungszeit ca. 1¼ Std.
(ohne Wartezeit).
Pro Stück ca. 280 kcal / 1170 kJ.

EXTRA-TIP

Der Bananenkranz mit Guß hält sich ohne Sahneverzierung in Alufolie verpackt 7–8 Tage.

Pfirsich-Eierlikör-Torte

Zutaten für ca. 16 Stücke:

- 175 g Butter/Margarine
- 100 g + 3 EL (30 g) Zucker
- 2 Eier (Gr. M)
- 175 g Mehl
- 30 g Speisestärke
- 1 TL Backpulver
- Fett für die Form
- 6 Blatt weiße Gelatine
- 1 Dose (425 ml) Pfirsiche
- 400 g + 200 g Schlagsahne
- 100 ml Eierlikör
- 2 EL gehackte Pistazien

1. Fett und 100 g Zucker mit den Schneebesen des Handrührgerätes cremig rühren. Eier einzeln unterrühren. Mehl, Stärke und Backpulver mischen, unterrühren. Teig in eine gefettete Springform (26 cm Ø) streichen. Im vorgeheizten Backofen (E-Herd: 175 °C / Umluft: 150 °C / Gas: Stufe 2) ca. 25 Minuten backen. In der Form auskühlen lassen.

2. Gelatine in kaltem Wasser einweichen. Pfirsiche abtropfen lassen, Saft dabei auffangen. Pfirsiche, bis auf 2 Hälften, kleinschneiden.

3. 400 g Sahne und 3 EL Zucker steif schlagen. Eierlikör, bis auf 2 EL, unterrühren. Die Gelatine ausdrücken. In 100 ml warmem Pfirsichsaft auflösen, unter die Sahne heben. Pfirsichstücke ebenfalls unterheben. Sahne auf den Boden streichen und mindestens 3 Stunden kalt stellen.

4. Übrige Pfirsiche in Spalten schneiden. 200 g Sahne steif schlagen. Torte aus der Form lösen. Mit Sahnetuffs und Pfirsichspalten verzieren. Torte mit Pistazien bestreuen und mit 2 EL Eierlikör beträufeln.

Zubereitungszeit ca. 1¼ Std.
Wartezeit ca. 3 Std.
Pro Stück ca. 380 kcal / 1590 kJ.

EINFRIER-TIP

❄ *Diese Torte können Sie komplett verziert einfrieren! Damit die Deko nicht zerdrückt wird, Holzspießchen rundum in die Torte stecken. Dann in Alufolie einschlagen und im Gefriergerät lagern.*
<u>Auftauen:</u> *Verzierungen bleiben besonders gut „in Form", wenn Sie die Torte über Nacht langsam im Kühlschrank auftauen.*

Kuchen zum Vorbereiten

Aprikosen-Pflaumen-Kuchen

Zutaten für ca. 20 Stücke:

- 75 g Butter/Margarine
- 300 ml Milch
- 1 Würfel (42 g) frische Hefe
- 500 g Mehl
- 125 g Zucker
- abgeriebene Schale von
  1 unbehandelten Zitrone
- 1 Prise Salz
- 1 Ei (Gr. M)
- 750 g Pflaumen
- 1½ (à 850 ml) oder 3 Dosen
  (à 425 ml) Aprikosen
- Fett für die Fettpfanne
- 75 g Aprikosen-Konfitüre
- 100 g Mandelblättchen
- 200 g Schlagsahne
- 3–4 EL Eierlikör

1. Fett schmelzen. Milch zugießen und darin erwärmen. Hefe darin auflösen. Mit Mehl, Zucker, Zitronenschale, Salz und Ei zu einem geschmeidigen Teig verkneten. Zugedeckt an einem warmen Ort 30–40 Minuten gehen lassen.

2. Pflaumen waschen, halbieren und entsteinen. Aprikosen abtropfen lassen. Teig nochmals gut durchkneten. Auf der gefetteten Fettpfanne (ca. 32 x 39 cm) ausrollen. Zugedeckt weitere ca. 15 Minuten gehen lassen.

3. Teig streifenweise mit den Früchten belegen. Im vorgeheizten Backofen (E-Herd 200 °C / Umluft: 175 °C / Gas: Stufe 3) 20–25 Minuten backen. Konfitüre erwärmen. Früchte damit bestreichen. Mandeln darüberstreuen. Kuchen bei gleicher Temperatur weitere ca. 10 Minuten backen. Auskühlen.

4. Sahne steif schlagen und den Eierlikör unterziehen. Kuchen in ca. 20 Stücke schneiden und mit der Eierlikörsahne servieren.

Zubereitungszeit ca. 2 ¼ Std.
Pro Stück ca. 270 kcal / 1130 kJ.

EINFRIER-TIP

❄ *Erkalteten Kuchen in Stücke teilen. Zwischen Pergamentpapier aufeinanderstapeln, in Alufolie verpacken und einfrieren. So schmeckt der Kuchen wie frisch gebacken:* 4–5 Stunden bei Zimmertemperatur auftauen lassen, dann ca. 5 Minuten im Backofen bei 200 °C aufbacken.

Cappuccino-Nuß-Torte

Zutaten für ca. 14 Stücke:

- 3 Eier (Gr. M)
- 100 g + 25 g Zucker
- 75 g Mehl
- 75 g Speisestärke
- 1 gehäufter TL Backpulver
- 450 g + 150 g Schlagsahne
- 2 Tassenportionen (à 10 g) lösliches Cappuccino-Pulver
- 75 g gehackte Haselnüsse
- 1 Tüte (7 g) Schokoflocken (liegt der Cappuccino-Packung bei) oder 1 EL (ca. 10 g) Kakao
- 3 EL Haselnußblättchen
- 14 Schoko-Moccabohnen
- Backpapier

1. Für den Biskuitteig Eier trennen. Eiweiß steif schlagen. 100 g Zucker dabei einrieseln lassen. Eigelb unterziehen. Mehl, Speisestärke und Backpulver mischen, unterheben. In eine mit Backpapier ausgelegte Springform (24 cm Ø) füllen und glattstreichen. Im vorgeheizten Backofen (E-Herd: 175 °C / Umluft: 150 °C/ Gas: Stufe 2) ca. 25 Minuten backen. Auskühlen lassen.

2. Boden 2 x durchschneiden. 450 g Sahne steif schlagen. Cappuccino-Pulver und 25 g Zucker dabei einrieseln lassen. 1/3 der Sahne beiseite stellen. Gehackte Nüsse unter die restliche Sahne ziehen. Unteren Boden mit der Hälfte Nuß-Sahne einstreichen, 2. Boden daraufsetzen. Rest Nuß-Sahne darauf verstreichen. 3. Boden daraufsetzen. Mit Rest Cappuccino-Sahne einstreichen. Schokoflocken oder Kakao darüberstreuen.

3. Vor dem Servieren Nüsse rösten. 150 g Sahne steif schlagen. Torte mit Sahne, Nüssen und Bohnen verzieren.

Zubereitungszeit ca. 1½ Std. (ohne Wartezeit).
Pro Stück ca. 310 kcal / 1300 kJ.

EINFRIER-TIP

❄ *Zum Einfrieren die Torte mit Cappuccino-Sahne einstreichen und mit Schokoflocken bestreuen. Holzspieße in die Torte stecken, in Alufolie einhüllen. Auftauen: Bei Zimmertemperatur ca. 3 Std. vor dem Servieren mit Sahne und Mokkabohnen verzieren.*

Mailänder Mascarpone-Kranz

Zutaten für ca. 20 Stücke:

- 150 g Butter/Margarine
- 1 Prise Salz, 200 g Zucker
- 3 Päckchen Vanillin-Zucker
- 5 Eier (Gr. M)
- 225 g Mehl, 75 g Speisestärke
- 1 Päckchen Backpulver
- 150 g Amarettini
  (ital. Mandelgebäck)
- Fett und Paniermehl für die Form
- 375 g + 125 g Schlagsahne
- 2 Päckchen Sahnefestiger
- 500 g Mascarpone
  (ital. Frischkäse)
- 4 EL Erdbeer-Konfitüre
- 4–5 Erdbeeren zum Verzieren
- ca. 1 EL Hagelzucker

1. Fett, Salz, Zucker und 1 Vanillin-Zucker schaumig schlagen. Eier einzeln unterrühren. Mehl, Stärke und Backpulver unterrühren. 75 g Amarettini unterheben.

2. In eine gut gefettete, mit Paniermehl ausgestreute Kranzkuchenform (2,5 l Inhalt; 26 cm Ø) füllen. Im heißen Ofen (E-Herd: 200 °C/ Umluft: 175 °C / Gas: Stufe 3) 30–35 Minuten backen. Auskühlen.

3. 375 g Sahne steif schlagen. 2 Vanillin-Zucker und Festiger einrieseln lassen. Portionsweise unter den Mascarpone rühren.

4. Boden 3x durchschneiden. Unteren Boden mit Konfitüre bestreichen, zweiten Boden darauflegen, mit $\frac{1}{3}$ Creme bestreichen. Dritten Boden daraufsetzen, mit $\frac{1}{3}$ Creme bestreichen und den letzten Boden drauflegen. Kranz mit Rest Creme einstreichen.

5. Rest Amarettini, bis auf 7 zum Verzieren, zerbröseln und an den Kranz drücken. 125 g Sahne steif schlagen. Kranz mit restlichen Amarettini, Erdbeeren und Hagelzucker verzieren.

Zubereitungszeit ca. 1¼ Std.
(ohne Wartezeit).
Pro Stück ca. 400 kcal / 1680 kJ.

te Napf-
& Kastenkuchen

Ganz einfach und doch raffiniert

Napf-& Kastenkuchen

Nußkuchen mit Kirschen

Zutaten für ca. 18 Stücke:

- 200 g Butter/Margarine
- 175 g Zucker
- 1 Päckchen Vanillin-Zucker
- ¼ TL gemahlener Zimt
- 4 Eier (Gr. M)
- 125 g + 1 EL Mehl
- 3 gestrichene TL Backpulver
- 250 g gemahlene Haselnußkerne
- 1 Glas (720 ml) Sauerkirschen
- Fett und Paniermehl für die Form
- 100 g Schlagsahne
- 2 EL Himbeergelee

1. Weiches Fett, Zucker, Vanillin-Zucker und Zimt schaumig schlagen. Eier nach und nach unterrühren. 125 g Mehl, Backpulver und Haselnüsse mischen und eßlöffelweise unter die Ei-Fett-Mischung rühren.

2. Kirschen auf einem Sieb abtropfen lassen und, bis auf einige zum Verzieren, mit 1 EL Mehl bestäuben und unter den Teig heben.

3. Eine Kastenform (25 cm lang; 2½ l Inhalt) fetten und mit Paniermehl ausstreuen. Teig einfüllen und glattstreichen. Im vorgeheizten Backofen (E-Herd: 175 °C / Umluft: 150 °C/ Gas: Stufe 2) ca. 1 Stunde backen.

4. Kuchen ca. 10 Minuten in der Form ruhenlassen. Auf ein Kuchengitter stürzen und vollständig auskühlen lassen.

5. Sahne steif schlagen und in einen Spritzbeutel mit Sterntülle füllen. Kuchen mit Sahnetuffs und Rest Kirschen verzieren. Himbeergelee erwärmen und über die Kirschen träufeln.

Zubereitungszeit ca. 1½ Std.
(ohne Wartezeit).
Pro Stück ca. 300 kcal / 1260 kJ.

Clementinen-Sandkuchen

Zutaten für ca. 20 Scheiben:

- 3 Clementinen (à ca. 80 g)
- 250 g Butter/Margarine
- 125 g Zucker
- 1 Prise Salz
- 1 Päckchen Vanillin-Zucker
- 4 Eier (Gr. M)
- ca. 1 TL unbehandelte Zitronen-schale (gibt's gerieben zu kaufen)
- 150 g Mehl
- 150 g Speisestärke
- 1–2 Msp. Backpulver
- Fett und Grieß für die Form
- 125 g Puderzucker

1. 2 Clementinen großzügig schälen und die weiße Haut mit entfernen. Fruchtfleisch in Spalten teilen.

2. Weiches Fett, Zucker, Salz und Vanillin-Zucker mit den Schneebesen des Handrührgerätes cremig schlagen. Eier nach und nach unterrühren. Zitronenschale zufügen. Mehl, Speisestärke und Backpulver vermischen, unterrühren. Die Clementinenspalten unterheben.

3. Teig in eine gefettete, mit Grieß ausgestreute Kastenform (25 cm lang; 2 ½ l Inhalt) füllen. Im vorgeheizten Backofen (E-Herd: 175 °C / Umluft: 150 °C / Gas: Stufe 2) 55–60 Minuten backen. Kuchen aus dem Ofen nehmen, mehrmals mit einem Spießchen einstechen. Etwas auskühlen lassen.

4. Die übrige Clementine halbieren und den Saft auspressen. 2–3 EL Saft und Puderzucker glatt verrühren. Kuchen stürzen, wieder umdrehen und den Guß darüber verteilen. Fest werden lassen.

Zubereitungszeit ca. 1½ Std. (ohne Wartezeit).
Pro Scheibe ca. 220 kcal / 920 kJ.

EXTRA-TIP

Statt Clementinen können Sie auch 1 Orange (ca. 150 g) und den Saft von ½ Orange nehmen. Dann nur die Orange großzügig schälen und die weiße Haut entfernen. Fruchtfleisch in Spalten schneiden und unter den Teig heben. Für den Guß Orangensaft und Puderzucker verrühren.

Napf-& Kastenkuchen

Schoko-Kirsch-Gugelhupf

Zutaten für ca. 20 Stücke:

- 1 Glas (720 ml) Schattenmorellen
- ½ TL gemahlener Zimt
- 2 EL + 200 g + 50 g Zucker
- 2 EL Speisestärke
- 300 g Butter/Margarine
- 1 Päckchen Vanillin-Zucker
- 5 Eier (Gr. M)
- 250 g Mehl
- 50 g Speisestärke
- Fett und Paniermehl für die Form
- 300 g Halbbitter-Kuvertüre

1. Kirschen abtropfen lassen, Saft dabei auffangen. Saft, bis auf 4 EL, Zimt und 2 EL Zucker aufkochen. Stärke und Rest Saft glattrühren, zufügen und nochmals aufkochen lassen. Kirschen unterrühren. Erkalten lassen.

2. Fett, 200 g Zucker und Vanillin-Zucker schaumig rühren. Eier trennen. Eigelb zufügen. Mehl und Speisestärke mischen und unterrühren. Eiweiß und 50 g Zucker steif schlagen und unterheben.

3. Eine Napfkuchenform (2½ l Inhalt) fetten und mit Paniermehl ausstreuen. Die Hälfte des Teiges hineinfüllen, glattstreichen. Kirschkompott daraufgeben. Restlichen Teig darauf verteilen, spiralförmig unter die Kirschen ziehen und glattstreichen.

4. Im vorgeheizten Backofen (E-Herd: 175 °C / Umluft:150 °C / Gas: Stufe 2) ca. 1 Stunde backen. Stürzen und auskühlen lassen. Kuvertüre im heißen Wasserbad schmelzen. Den Kuchen damit überziehen und trocknen lassen.

Zubereitungszeit ca. 1¾ Std.
(ohne Wartezeit).
Pro Stück ca. 340 kcal / 1420 kJ.

Mohnkuchen mit Zitronenguß

Zutaten für ca. 20 Stücke:

- 175–200 g Mohn
- 200 ml + 125 ml Milch
- 250 g Butter/Margarine
- 200 g Zucker
- 1 Päckchen Vanillin-Zucker
- 4 Eier (Gr. M)
- abgeriebene Schale von 2 unbehandelten Zitronen
- 375 g Mehl, 75 g Speisestärke
- 1 Päckchen Backpulver
- Fett und Paniermehl für die Form
- 175 g Puderzucker, 4 EL Zitronensaft

1. Mohn mahlen (z. B. im Universal-zerkleinerer). 200 ml Milch aufkochen lassen und den Mohn darin 10–15 Minuten quellen lassen.

2. Fett, Zucker und Vanillin-Zucker schaumig rühren. Eier und Zitronen-schale unterrühren. Mehl, Stärke und Backpulver mischen. Abwechselnd mit 125 ml Milch unterrühren.

3. Gugelhupfform (2 ½ l Inhalt) fet-ten, mit Paniermehl ausstreuen. ⅔ des Teiges einfüllen. Rest Teig und Mohn-masse verrühren. Auf den hellen Teig füllen und mit einer Gabel spiralför-mig durchziehen.

4. Im vorgeheizten Backofen (E-Herd: 175 °C / Umluft: 150 °C / Gas: Stufe 2) 60–70 Minuten backen. Kuchen in der Form etwas abkühlen lassen, dann stürzen und auskühlen lassen.

5. Puderzucker und Zitronensaft ver-rühren. Kuchen damit überziehen. Trocknen lassen.

Zubereitungszeit ca. 1½ Std. (ohne Wartezeit). Pro Stück ca. 320 kcal / 1340 kJ.

Mokka-Marmorkuchen

Zutaten für ca. 20 Stücke:

- 250 g Butter/Margarine
- 250 g Zucker
- einige Tropfen Butter-Vanille-Aroma
- 4 Eier (Gr. M)
- 350 g Mehl
- 150 g Speisestärke
- 1 Päckchen Backpulver
- ⅛ l Milch
- Fett und Paniermehl für die Form
- 3 EL löslicher Kaffee (Typ Mokka)
- 100 g Schlagsahne
- 2 EL (ca. 20 g) Puderzucker
- 8 Mokkabohnen
- 1 TL Kakao

1. Für den Rührteig weiches Fett, Zucker und Vanille-Aroma schaumig rühren. Eier einzeln unterrühren. Mehl, Stärke und Backpulver mischen. Im Wechsel mit der Milch unter die Eimasse rühren.

2. Eine Napfkuchenform (2 l Inhalt; 24 cm Ø) fetten und mit Paniermehl ausstreuen. ⅔ des Teiges hineinfüllen. Kaffeepulver in 3 EL heißem Wasser unter Rühren auflösen und unter den übrigen Teig rühren. Auf den hellen Teig geben. Mit einer Gabel spiralförmig unterziehen.

3. Den Kuchen im vorgeheizten Backofen (E-Herd: 175 °C / Umluft: 150 °C/ Gas: Stufe 2) 50–60 Minuten backen. Kuchen in der Form etwas abkühlen lassen. Dann stürzen und vollständig auskühlen lassen.

4. Sahne und 1 EL Puderzucker steif schlagen. In einen Spritzbeutel füllen. Kuchen mit Rest Puderzucker bestäuben. Mit Sahne, Mokkabohnen und Kakao verzieren.

Zubereitungszeit ca. 1½ Std.
(ohne Wartezeit).
Pro Stück ca. 280 kcal / 1170 kJ.

Napf-& Kastenkuchen

Eierlikör-Gugelhupf

Zutaten für ca. 20 Stücke:

- 250 g Puderzucker
- 5 Eier (Gr. M)
- 2 Päckchen Vanillin-Zucker
- ¼ l Öl
- ¼ l Eierlikör
- 125 g Mehl
- 125 g Speisestärke
- 1 Päckchen Backpulver
- Fett und Paniermehl für die Form
- 200 g Halbbitter-Kuvertüre
- 200 g weiße Kuvertüre

1. Puderzucker sieben. Eier und Vanillin-Zucker mit den Schneebesen des Handrührgerätes schaumig schlagen. Puderzucker dabei eßlöffelweise zufügen. Öl und Eierlikör langsam zugießen und verrühren. Mehl, Stärke und Backpulver mischen, unterrühren.

2. Napfkuchenform (ca. 2 l Inhalt) fetten und mit Paniermehl ausstreuen. Teig einfüllen und im vorgeheizten Backofen (E-Herd: 175 °C / Umluft: 150 °C / Gas: Stufe 2) ca. 1½ Stunden backen. Kuchen in der Form ca. 15 Minuten ruhenlassen. Dann vorsichtig auf ein Kuchengitter stürzen und auskühlen lassen.

3. Kuvertüren im heißen Wasserbad getrennt schmelzen. Abkühlen lassen und nochmals erwärmen. Kuchen streifenförmig mit der hellen und dunklen Kuvertüre überziehen. Etwa 2–3 Stunden trocknen lassen.

Zubereitungszeit ca. 2 Std. (ohne Wartezeit). Pro Stück ca. 390 kcal / 1630 kJ.

Napf-& Kastenkuchen

Kaffee-Mandelkuchen

Zutaten für ca. 20 Stücke:

- 100 g Zartbitter-Schokolade
- 4 TL löslicher Kaffee
- 250 g Butter/Margarine
- 500 g Zucker
- 1 Päckchen Vanillin-Zucker
- 4 Eier (Gr. M)
- 375 g Mehl
- 1 gut gehäufter TL Backpulver
- abgeriebene Schale von 1 unbehandelten Zitrone
- 50 g Kakao
- 100 g + 25 g geschälte Mandeln
- Fett für die Form
- ca. 1 EL Puderzucker zum Bestäuben

1. Schokolade grob hacken. Kaffee in ¼ l heißem Wasser auflösen und erkalten lassen. Fett, Zucker und Vanillin-Zucker mit den Schneebesen des Handrührgerätes schaumig schlagen. Eier einzeln unterrühren. Mehl, Backpulver, Zitronenschale und Kakao mischen, mit Kaffee zufügen. Alles zu einem glatten Rührteig verarbeiten. Schokolade und 100 g ganze Mandeln unterheben.

2. Teig in eine gefettete Napfkuchen-form (ca. 2 l Inhalt) füllen. Im vorge-heizten Backofen (E-Herd: 175 °C/ Umluft: 150 °C / Gas: Stufe 2) ca. 1½ Stunden backen. In der Form ca. 10 Minuten abkühlen lassen. Stürzen und auskühlen lassen.

3. 25 g Mandeln fein hacken. Kuchen mit Puderzucker und gehackten Mandeln bestreuen. Dazu schmeckt Schlagsahne.

Zubereitungszeit ca. 2 Std.
(ohne Wartezeit).
Pro Stück ca. 360 kcal / 1510 kJ.

Napf-& Kastenkuchen

Krokant-Napfkuchen

Zutaten für ca. 16 Stücke:

- 200 g Butter/Margarine
- 175 g Zucker
- 1 Päckchen Vanillin-Zucker
- 1 Prise Salz
- 4 Eier (Gr. M)
- 175 ml Eierlikör
- 500 g Mehl
- 1 Päckchen Backpulver
- 1 Packung (100 g) Haselnußkrokant
- Fett und Paniermehl für die Form
- 2 Beutel (à 100 g) Haselnuß Kuchenglasur
- 25 g weiße Schokolade

1. Weiches Fett, Zucker, Vanillin-Zucker und Salz mit den Schneebesen des Handrührgerätes cremig rühren. Eier einzeln unterrühren. Eierlikör zufügen und unterziehen. Mehl, Backpulver und 75 g Krokant mischen, unterrühren.

2. Teig in eine gefettete, mit Paniermehl ausgestreute Napfkuchenform (ca. 23 cm Ø; 2½ l Inhalt) füllen. Im vorgeheizten Backofen (E-Herd: 175 °C / Umluft: 150 °C / Gas: Stufe 2) ca. 1 Stunde backen. Kuchen in der Form etwas abkühlen lassen. Dann aus der Form stürzen und vollständig auskühlen lassen.

3. Kuchenglasur-Beutel in einen Topf mit heißem Wasser geben und die Glasur schmelzen lassen. Kuchen mit der Glasur überziehen. Etwas trocknen lassen. Weiße Schokolade mit einem Sparschäler in feine Hobel schneiden. Restlichen Krokant und Schokolade über den Kuchen streuen. Vollständig trocknen lassen. Dazu schmeckt Schlagsahne.

Zubereitungszeit ca. 1½ Std.
(ohne Wartezeit).
Pro Stück ca. 420 kcal / 1760 kJ.

Schoko-Kokos-Kastenkuchen

Zutaten für ca. 20 Stücke:

- 250 g Butter/Margarine
- 250 g Zucker
- 1 Päckchen Vanillin-Zucker
- 1 Prise Salz
- evtl. 2–3 Tropfen Rum-Aroma
- 4 Eier (Gr. M)
- 200 g Mehl
- 100 g Speisestärke
- 2 TL Backpulver
- Fett für die Form
- 50 g + 50 g Kokosraspel
- 8 Schokoladen-Kokosriegel
  (à 30 g; z. B. „Bounty")
- 1 Beutel (100 g) dunkle Kuchenglasur

1. Für den Rührteig weiches Fett, Zucker, Vanillin-Zucker, Salz und evtl. Rum-Aroma cremig rühren, bis sich der Zucker ganz gelöst hat. Eier nach und nach unterrühren. Mehl, Stärke und Backpulver mischen und eßlöffelweise unterrühren.

2. Eine Kastenform (28 cm lang) fetten und mit 50 g Kokosraspeln ausstreuen. Die Hälfte Teig hineinfüllen. Die Kokosriegel darauflegen. Restlichen Teig darauf glattstreichen. Im vorgeheizten Backofen (E-Herd: 175 °C / Umluft: 150 °C / Gas: Stufe 2) 50–60 Minuten backen. Nach ca. 15 Minuten Backzeit den Kuchen der Länge nach ca. 2 cm tief einschneiden. Fertigbacken. Kuchen mit einem Messer vom Formrand lösen, auf ein Kuchengitter stürzen und vollständig auskühlen lassen.

3. Kuchenglasur im heißen Wasserbad schmelzen. Kuchen damit überziehen. Etwas antrocknen lassen. Mit übrigen Kokosraspeln bestreuen und vollständig trocknen lassen.

Zubereitungszeit ca. 1½ Std.
(ohne Wartezeit).
Pro Stück ca. 320 kcal / 1340 kJ.

Festli

Himbeer-Käse-Sahne-Torte

Zutaten für ca. 12 Stücke:

- 2 Eier (Gr. M)
- 75 g + 125 g Zucker
- 75 g Mehl
- 75 g Speisestärke
- 1 gehäufter TL Backpulver
- Fett für die Form
- 6 Blatt weiße Gelatine
- 300 g TK-Himbeeren oder frische Himbeeren
- 750 g Magerquark
- Saft und Schale von 1 unbehandelten Zitrone
- 450 g + 150 g Schlagsahne
- Zitronenmelisse und Puderzucker zum Verzieren

1. Für den Biskuit Eier trennen. Eiweiß und 2 EL kaltes Wasser steif schlagen. 75 g Zucker einrieseln lassen. Eigelb unterziehen. Mehl, Stärke und Backpulver mischen und unterheben. In einer am Boden gefetteten Springform (26 cm Ø) verstreichen. Im vorgeheizten Backofen (E-Herd: 175 °C/ Umluft: 150 °C / Gas: Stufe 3) ca. 20 Minuten backen. Boden auskühlen lassen.

2. Boden einmal halbieren. Springformrand um den unteren Boden schließen. Gelatine kalt einweichen. Himbeeren antauen lassen. Frische Himbeeren verlesen, waschen und trockentupfen. Quark, 125 g Zucker, Zitronensaft und -schale glatt verrühren.

3. Gelatine ausdrücken, auflösen und unter den Quark rühren. 450 g Sahne steif schlagen. Quarkmasse kalt stellen, bis sie zu gelieren beginnt. Sahne unter die Quarkmasse heben. 250 g Himbeeren und Quark auf den Boden geben. Mit 2. Boden bedecken. Ca. 4 Stunden kühlen.

4. 150 g Sahne steif schlagen. Torte mit Sahnetuffs, restlichen Himbeeren, Zitronenmelisse und Puderzucker verzieren.

Zubereitungszeit ca. 1¼ Std.
Wartezeit ca. 5 Std.
Pro Stück ca. 350 kcal / 1470 kJ.

...he Torten

Ein Blickfang auf Ihrer Kaffeetafel

Festtagstorten

Schoko-Trüffel-Torte

Zutaten für ca. 16 Stücke:

- 200 g Zartbitter-Schokolade
- 200 g weiße Schokolade
- 300 g + 200 g + 300 g Schlagsahne
- Fett für die Form
- 4 Eier (Gr. M)
- 100 g Zucker
- 75 g Mehl
- 50 g Speisestärke
- 1 TL Backpulver
- 200 g Kirsch-Konfitüre
- 3 Blatt weiße Gelatine
- 50 g Mandelblättchen
- Schokoherzen,- streusel und
  -kekse zum Verzieren

1. Schokoladen getrennt grob hacken. 300 g Sahne erhitzen. Dunkle Schokolade darin schmelzen. 200 g Sahne erwärmen, weiße Schokolade darin vorsichtig schmelzen. Beide Massen 3–4 Stunden kalt stellen.

2. Eine Springform (26 cm Ø) nur am Boden fetten. Eier trennen. Eiweiß steif schlagen, Zucker dabei einrieseln lassen. Eigelb kurz unterschlagen. Mehl, Stärke und Backpulver über den Teig sieben, unterheben. Teig in die Form füllen und im vorgeheizten Backofen (E-Herd: 175 °C / Umluft: 150 °C/ Gas: Stufe 2) 25–30 Minuten backen. Auskühlen lassen.

3. Biskuit halbieren. Formrand um den unteren Boden legen. Konfitüre daraufstreichen, mit zweitem Boden belegen. Dunkle Schokoladenmasse cremig aufschlagen und kuppelförmig auf den Boden streichen. Kalt stellen.

4. Gelatine in kaltem Wasser einweichen. Ausdrücken, auflösen und mit etwas heller Trüffelmasse verrühren. Übrige Masse aufschlagen, dabei nach und nach die Gelatine unterschlagen. Auf die dunkle Trüffelmasse streichen und kalt stellen.

5. Mandeln in einer Pfanne ohne Fett rösten. 300 g Sahne steif schlagen. Torte mit ⅔ Sahne einstreichen. Rest Sahne in einen Spritzbeutel mit Sterntülle füllen. Torte mit Mandeln, Sahnetuffs, Schokoherzen,-streusel und-keksen verzieren.

Zubereitungszeit ca. 1¾ Std.
Wartezeit 4 Std.
Pro Stück ca. 420 kcal / 1760 kJ.

Obsttorte mit Vanille-Sahne

Zutaten für ca. 12 Stücke:

- 2 Eier (Gr. M)
- 50 g + 25 g Zucker
- 1 Prise Salz
- 50 g Mehl
- 25 g Speisestärke
- ½ TL Backpulver
- 375 g Schlagsahne
- 1 Päckchen Dessert-Soße „Vanille-Geschmack" (für ¼ l Milch; ohne Kochen)
- zum Belegen 4 Kiwis, 1 kleines Glas (370 ml) Kirschen, 1 Dose (236 ml) Ananasringe und 1 Dose (315 ml) Mandarin-Orangen
- 1 Päckchen klarer Tortenguß (für ¼ l Flüssigkeit)
- Backpapier

1. Eier trennen. Eiweiß und 1 EL Wasser steif schlagen. 50 g Zucker und Salz dabei einrieseln lassen. Eigelb unterziehen. Mehl, Stärke und Backpulver mischen, unterheben. In eine mit Backpapier ausgelegte Springform (26 cm Ø) streichen. Im vorgeheizten Backofen (E-Herd: 175 °C / Umluft: 150 °C / Gas: Stufe 2) ca. 20 Minuten backen. Auskühlen.

2. Sahne und Soßenpulver steif schlagen. Auf den Tortenboden streichen. Kiwis schälen und in Scheiben schneiden. Dosenfrüchte abtropfen lassen, Saft dabei auffangen. Früchte evtl. kleinschneiden.

3. Früchte auf der Sahne verteilen. Saft aus der Dose evtl. mit Wasser auf ¼ l auffüllen. Tortengußpulver und 25 g Zucker in einem kleinen Topf

mischen. Saft zugießen und unter Rühren einmal aufkochen. Etwas abkühlen. Alle Früchte damit überziehen. Guß fest werden lassen.

Zubereitungszeit ca. 1 Std. (ohne Wartezeit).
Pro Stück ca. 230 kcal / 960 kJ.

EXTRA-TIP

Tortenboden mit Creme können Sie schon am Vortag zubereiten. Aber erst kurz vor dem Servieren mit dem Obst belegen. Denn Kiwi in Verbindung mit Milchprodukten wird leicht bitter. Oder die Kiwischeiben kurz dünsten.

Aprikosen-Champagner-Torte

Zutaten für ca. 12 Stücke:

- 4 Eier (Gr. M)
- 150 g Zucker
- 1 Prise Salz
- 100 g Mehl
- 75 g Speisestärke
- ½ TL Backpulver
- Fett für die Form
- 6 Blatt weiße Gelatine
- 1 Dose (850 ml) Aprikosen
- 100 ml Champagner (oder Sekt)
- 400 g + 400 g Schlagsahne
- 3 Päckchen Vanillin-Zucker
- 4 EL Krokant
- ca. 20 g Baiser

1. Eier trennen. Eiweiß und 3 EL kaltes Wasser steif schlagen. Zucker und Salz dabei einrieseln lassen. Eigelb darunterschlagen. Mehl, Stärke und Backpulver auf die Eimasse sieben, unterheben. In eine nur am Boden gefettete Springform (26 cm Ø) füllen und glattstreichen. Im vorgeheizten Backofen (E-Herd: 200 °C / Umluft: 175 °C / Gas: Stufe 3) ca. 20 Minuten backen. Auskühlen.

2. Gelatine in kaltem Wasser einweichen. Aprikosen auf einem Sieb abtropfen lassen, Hälfte pürieren. Rest, bis auf 4 Hälften, fein würfeln. Gelatine ausdrücken und auflösen. Champagner zufügen. Champagnermasse kalt stellen, bis sie zu gelieren beginnt. 400 g Sahne steif schlagen, dabei 2 Päckchen Vanillin-Zucker einrieseln lassen. Eine Hälfte Sahne mit Aprikosenpüree und Hälfte Champagnermasse verrühren. Die 2. Hälfte Sahne mit Aprikosenstücken und Rest Champagnermasse verrühren. Etwas fest werden lassen.

3. Biskuit 2 x quer durchschneiden. Um unteren Boden einen Formrand legen. Aprikosenpüree-Sahne darauf verteilen. 2. Boden darauflegen. Rest Sahne darauf verteilen. Mit 3. Boden abdecken. 3–4 Stunden kalt stellen.

4. 400 g Sahne und 1 Päckchen Vanillin-Zucker steif schlagen. Formrand lösen. Torte mit Hälfte der Sahne einstreichen. Mit Rest Sahne und Aprikosenspalten verzieren. Mit Krokant und Baiserbröseln bestreuen.

Zubereitungszeit ca. 1½ Std.
Wartezeit 4–5 Std.
Pro Stück ca. 410 kcal / 1720 kJ.

Nußtorte mit Eierlikör-Sahne

Zutaten für ca. 16 Stücke:

- 100 g Zartbitter-Schokolade
- 80 g Butter/Margarine
- 80 g Zucker
- 2 Päckchen Vanillin-Zucker
- 1 Prise Salz
- 5 Eier (Gr. M)
- 200 g gemahlene Haselnüsse
- 2 TL Backpulver
- evtl. 2 EL Rum
- Fett für die Form
- 250 g Schlagsahne
- 200 ml Eierlikör
- 25 g gehackte Haselnüsse
- Schoko-Dessert-Dekor
  zum Verzieren

1. Schokolade fein reiben. Weiches Fett, Zucker, Vanillin-Zucker und Salz cremig rühren. Eier trennen. Eigelb einzeln unterrühren. Schokolade, Nüsse und Backpulver unterrühren. Evtl. Rum unterrühren. Eiweiß steif schlagen, portionsweise unterheben.

2. Eine Springform (26 cm Ø) gründlich ausfetten. Teig in die Form füllen und glattstreichen. Im vorgeheizten Backofen (E-Herd: 175 °C / Umluft: 150 °C / Gas: Stufe 2) ca. 50 Minuten backen. Kuchen in der Form etwas abkühlen lassen. Aus der Form lösen und vollständig auskühlen lassen.

3. Sahne steif schlagen und gleichmäßig auf den Tortenboden streichen. Eierlikör darüberträufeln und glattstreichen. Torte mit gehackten Nüssen und Schoko-Dekor verzieren.

Zubereitungszeit ca. 1½ Std.
(ohne Wartezeit).
Pro Stück ca. 310 kcal / 1300 kJ.

Krokant-Fächer-Torte mit Kirschen

Zutaten für ca. 12 Stücke:

- 250 g Mehl
- 1 Ei (Gr. M), 75 g Zucker
- 1 Päckchen Vanillin-Zucker
- 125 g Butter/Margarine
- 5 EL Aprikosen-Konfitüre
- 75 g Mandelblättchen
- 1 Glas (720 ml) Sauerkirschen
- 35 g Speisestärke
- 250 g + 125 g Schlagsahne
- 1 Packung Cremepulver „Quark-Sahne-Tortenhilfe" (für 750 ml)
- 500 g Magerquark

1. Mehl, Ei, Zucker, Vanillin-Zucker und Fett verkneten. Zugedeckt ca. 30 Minuten kühl stellen.

2. ⅔ Teig in eine gefettete Springform (26 cm Ø) mit umgedrehtem Formboden (Teig läßt sich später besser lösen) verteilen. Im vorgeheizten Backofen (E-Herd: 200 °C / Umluft: 175 °C / Gas: Stufe 3) ca. 15 Minuten backen. Auskühlen.

3. Übrigen Teig auf die gleiche Weise zunächst ca. 5 Minuten backen. Konfitüre und Mandeln mischen und auf den Boden streichen. Weitere 5–7 Minuten backen. Krokantboden herausnehmen, noch warm in 12 Stücke schneiden und auskühlen lassen.

4. Kirschen abtropfen, Saft auffangen. 4 EL Saft und Stärke verrühren. Rest Saft aufkochen, Stärke einrühren, aufkochen. Kirschen, bis auf 12, unterheben. 3 EL Saft beiseite stellen. Formrand um den Boden legen. Kompott darauf verteilen, auskühlen lassen.

5. 250 g Sahne steif schlagen. Cremepulver und ½ l Wasser mit den Schneebesen des Handrührgerätes auf höchster Stufe 3 Minuten schlagen. Quark in 4 Portionen unterrühren, dann die Sahne unterheben. Auf die Kirschen streichen. Torte ca. 4 Stunden kühlen.

6. 125 g Sahne steif schlagen. Torte mit Sahnetuffs, angedicktem Saft, Kirschen und Fächern verzieren.

Zubereitungszeit ca. 1¼ Std.
Wartezeit ca. 5 Std.
Pro Stück ca. 510 kcal / 2140 kJ.

Aprikosen-Trauben-Torte

Zutaten für ca. 12 Stücke:

- 75 g Butter/Margarine
- 75 g Zucker
- 2 Eier (Gr. M)
- 125 g Mehl, 1 TL Backpulver
- 4 EL Milch
- 150 ml heller Traubensaft
- 500 g helle Weintrauben
- 8 Blatt weiße Gelatine
- 2–3 Zitronen
- 1 Dose (850 ml) und
  1 Dose (425 ml) Aprikosenhälften
- 200 g stichfeste saure Sahne
- 2 Päckchen Vanillin-Zucker
- 3–4 EL Aprikosen-Konfitüre
- ca. 1 ½ Packungen (75 g) Mandel-Nuß-Stäbchen oder Löffelbiskuits
- Puderzucker zum Verzieren

1. Weiches Fett und Zucker cremig rühren. Eier unterrühren. Mehl und Backpulver mischen und unterrühren. Milch zufügen. In einer gefetteten Springform (24 cm Ø) verstreichen. Im vorgeheizten Backofen (E-Herd: 175 °C / Umluft: 150 °C / Gas: Stufe 2) ca. 25 Minuten backen. Mit 4 EL Traubensaft beträufeln, abkühlen lassen.

2. Trauben waschen, abtropfen lassen und von den Stielen zupfen. ⅔ Trauben halbieren, entkernen und auf dem Boden verteilen.

3. Gelatine in kaltem Wasser einweichen. Zitronen auspressen, 75 ml Saft abmessen. Aprikosen abtropfen, 6 Hälften beiseite legen, übrige Hälften pürieren. Saure Sahne, Zitronensaft und Vanillin-Zucker glattrühren. Mit dem Püree verrühren.

4. Rest Traubensaft erwärmen. Gelatine ausdrücken, darin auflösen. Mit etwas Aprikosencreme verrühren. Unter die restliche Creme ziehen. Springformrand um den Boden schließen. Creme daraufstreichen. Ca. 3 Stunden kalt stellen.

5. Torte vom Formrand lösen. Rest Trauben halbieren, entkernen. Torte mit Trauben und übrigen Aprikosen verzieren. Konfitüre erwärmen. Früchte und Tortenrand damit bestreichen. Gebäck an den Rand drücken. Torte mit Puderzucker bestäuben.

Zubereitungszeit ca. 1 Std.
Wartezeit ca. 4 Std.
Pro Stück ca. 300 kcal / 1260 kJ.

Schoko-Torte mit Vanillecreme

Zutaten für ca. 12 Stücke:

- 100 g Butter/Margarine
- 125 g + 75 g Zucker
- 4 Eier (Gr. M)
- 30 g Kakao
- 250 g Mehl
- 2 TL Backpulver
- 5–6 EL + 600 ml Milch
- Fett für die Form
- 40 g Mandelblättchen
- 2 EL Hagelzucker
- 2 Päckchen Pudding-Pulver „Vanille-Geschmack" (für je ½ l Milch; zum Kochen)
- 200 g Schlagsahne
- 12 Schoko-Dekor-Blätter

1. Fett und 125 g Zucker cremig rühren. Eier trennen und Eigelb unterrühren. Kakao, Mehl und Backpulver mischen und unterrühren. 5–6 EL Milch zufügen. Eiweiß steif schlagen und unter den Teig heben.

2. Eine Springform (26 cm Ø) fetten. Teig einfüllen. Im vorgeheizten Backofen (E-Herd: 175 °C / Umluft: 150 °C/ Gas: Stufe 2) ca. 10 Minuten vorbacken. Mit Mandeln und Hagelzucker bestreuen. Weitere 20 Minuten backen. Boden auskühlen lassen und mit Hilfe eines Zwirns teilen.

3. Puddingpulver, 8 EL Milch und 75 g Zucker glatt verrühren. Übrige Milch aufkochen, Puddingpulver einrühren, nochmals aufkochen und auskühlen lassen.

4. Sahne steif schlagen. Pudding mit den Schneebesen aufschlagen und die Sahne unterheben. ⅔ auf den unteren Tortenboden streichen. Ca. 30 Minuten kühl stellen. Oberen Tortenboden daraufsetzen. Mit restlicher Creme als Tuffs und Schokoblättern verzieren.

Zubereitungszeit ca. 2 Std. (ohne Wartezeit). Pro Stück ca. 410 kcal / 1720 kJ.

Aprikosen-Mascarpone-Charlotte

Zutaten für ca. 16 Stücke:

- 4 Eier (Gr. M)
- 75 g + 1 EL + 75 g Zucker
- 1 Päckchen Vanillin-Zucker
- 75 g Mehl
- 75 g Speisestärke
- 1 TL Backpulver
- 200 g Aprikosen-Konfitüre
- 6 Blatt weiße Gelatine
- 2 Dosen (à 425 ml) Aprikosen
- 500 g Mascarpone (ital. Frischkäse)
- 150 g Vollmilch-Joghurt
- 10 EL (100 ml) Eierlikör
- 100 g Schlagsahne
- ca. 1 EL gehackte Pistazien
- Backpapier

1. Eier trennen. Eiweiß steif schlagen, 75 g Zucker und Vanillin-Zucker dabei einrieseln lassen. Eigelb unterheben. Mehl, Stärke und Backpulver mischen und unterziehen. Teig auf ein mit Backpapier ausgelegtes Backblech (ca. 35 x 40 cm) streichen. Im vorgeheizten Backofen (E-Herd: 200 °C/ Umluft: 175 °C / Gas: Stufe 3) 15–25 Minuten backen.

2. Konfitüre erhitzen. Biskuit auf ein mit 1 EL Zucker bestreutes Geschirrtuch stürzen, sofort das Backpapier abziehen und Biskuitboden mit Konfitüre bestreichen. Mit Hilfe des Tuches längs aufrollen, auskühlen lassen. Dann in ca. 18 Scheiben schneiden. Springformrand (26 cm Ø) auf eine Tortenplatte setzen. Biskuitscheiben an den Formrand und auf den Boden legen.

3. Gelatine kalt einweichen. Aprikosen abtropfen lassen, 175 ml Saft abmessen. Aprikosen, bis auf 10 Stück, würfeln. Mascarpone, Joghurt, Likör, Saft und 75 g Zucker verrühren. Gelatine ausdrücken, auflösen und unter die Mascarponemasse rühren. Aprikosenwürfel unterheben. In die Form füllen. Ca. 4 Stunden kühlen. Sahne steif schlagen und in einen Spritzbeutel mit Sterntülle füllen. Torte mit Sahnetuffs, Pistazien und Aprikosen verzieren.

Zubereitungszeit ca. 1½ Std.
Wartezeit ca. 5 Std.
Pro Stück ca. 330 kcal / 1380 kJ.

Süße Dalmatiner

Zutaten für ca. 16 Stück:

- 250 g Butter/Margarine
- 500 g Mehl
- 150 g Zucker
- 1 Päckchen Vanillin-Zucker
- 1 Prise Salz
- 2 Eier (Gr. M)
- Mehl für die Arbeitsfläche
- 250 g Puderzucker
- 2 Eiweiß (Gr. M)
- 1 Beutel (100 g) dunkle Kuchenglasur
- Schokolinsen und Fruchtgummis zum Verzieren
- Pappe und Backpapier
- 1 Gefrierbeutel
- evtl. rotes Schleifenband

1. Für den Mürbeteig Fett in Stückchen, Mehl, Zucker, Vanillin-Zucker, Salz und Eier in eine Schüssel geben. Alles mit den Knethaken des Handrührgerätes zu einem glatten Teig verkneten. Zugedeckt ca. 30 Minuten kalt stellen.

2. Aus Pappe eine Dalmatinerkopf-Schablone (10 x 15 cm) ausschneiden (als Vorlage können Motive aus Büchern, Untersetzern etc. abgepaust werden). Teig ca. ½ cm auf einer bemehlten Arbeitsfläche ausrollen. Mit Hilfe der Schablone ca. 16 Dalmatiner-Köpfe ausschneiden.

3. Auf mit Backpapier ausgelegte Backbleche legen. Im vorgeheizten Backofen nacheinander (E-Herd: 200 °C / Umluft: 175 °/ Gas: Stufe 3) 12–15 Minuten backen. Auskühlen lassen.

4. Puderzucker und Eiweiß verrühren. Dalmatiner-Kekse damit bestreichen und trocknen lassen. Kuchenglasur im heißen Wasserbad schmelzen lassen. Kuchenglasur in einen Gerfrierbeutel füllen und eine kleine Ecke abschneiden. Umrisse, Tupfen und Gesichter auf die Köpfe malen. Mit Schokolinsen, Fruchtgummis und evtl. roten Schleifen verzieren. Gut trocknen lassen.

Zubereitungszeit ca. 2 Std.
(ohne Wartezeit).
Pro Stück ca. 370 kcal / 1550 kJ.

mit Kindern

Da helfen die Kleinen gerne mit

Buntes Muttertagsherz

Zutaten für ca. 12 Stücke:

- 175 g Butter/Margarine
- 150 g Zucker
- 1 Päckchen Vanillin-Zucker
- 3 Eier (Gr. M)
- 150 g Mehl
- 50 g gemahlene Mandeln
- 2 TL Backpulver
- Fett und Paniermehl für die Form
- 200 g Puderzucker
- 2–3 EL Zitronensaft
- Süßigkeiten, Zucker-Dekor und Schokoladen-Buchstaben zum Verzieren

1. Für den Rührteig Fett, Zucker und Vanillin-Zucker schaumig rühren. Eier einzeln unterrühren. Mehl, Mandeln und Backpulver mischen, unterrühren.

2. Teig in eine gefettete, mit Paniermehl ausgestreute Herzkuchenform (ca. 1 ¼ l Inhalt) füllen und glattstreichen. Im vorgeheizten Backofen (E-Herd: 200 °C / Umluft: 175 °C / Gas: Stufe 3) ca. 40 Minuten backen. Kuchen etwas in der Form auskühlen lassen. Dann stürzen und vollständig auskühlen lassen.

3. Puderzucker und Zitronensaft glattrühren. Das Herz mit dem Guß überziehen und den Guß etwas trocknen lassen. Mit Süßigkeiten, Zucker-Dekor und Schoko-Buchstaben verzieren. Vollständig trocknen lassen.

Zubereitungszeit ca. 1 ¼ Std. (ohne Wartezeit).
Pro Stück ca. 310 kcal / 1300 kJ.

Fleißige Mäuse

Zutaten für ca. 14 Mäuse:

- 375 g Magerquark
- 1 Ei (Gr. M)
- 1 Päckchen Vanillin-Zucker
- 7 EL Milch
- 7 EL Öl
- 1 Prise Salz
- 100 g Zucker
- 500 g Mehl
- 1 Päckchen Backpulver
- 1 Eigelb (Gr. M)
- 2 EL Schlagsahne
- bunte Fruchtgummischnüre und
  28 Zuckerperlen zum Verzieren
- 1 TL Puderzucker
- Backpapier
- 1 Holzspießchen

1. Für den Quark-Öl-Teig Quark, Ei, Vanillin-Zucker, Milch, Öl, Salz und Zucker mit den Knethaken des Handrührgerätes verrühren. Mehl und Backpulver mischen und zu der Quarkmasse geben. Alles zu einem glatten Teig verkneten.

2. Mit leicht bemehlten Händen aus dem Teig ca. 14 kleine (ca. 6 x 10 cm) ovale Brötchen formen. An der schmalen Seite mit einer spitzen Schere links und rechts zwei Ecken in den Teig schneiden und daraus mit den Fingern jeweils kleine Ohren formen.

3. Eigelb und Sahne verquirlen. Mäuse auf zwei mit Backpapier ausgelegte Backbleche legen, mit Eigelb bestreichen und nacheinander im vorgeheizten Backofen (E-Herd: 200 °C / Umluft: 175 °C / Gas: Stufe 3) 18–20 Minuten

backen. Mäuse aus dem Backofen nehmen und auskühlen lassen.

4. Für die Mäuseschwänze und die Bärte mit einem Holzspießchen Löcher in die Mäuse stechen. Fruchtgummis in die Löcher stecken. Jeweils 2 Zuckerperlen als Augen in die Mäuse drücken. Die Mäuse mit Puderzucker bestäuben.

Zubereitungszeit ca. 1¾ Std. (ohne Wartezeit).
Pro Maus ca. 240 kcal / 1000 kJ.

Laster mit süßer Fracht

Zutaten für 1 Laster
(ergibt ca. 20 Stücke):

- 250 g Kokosfett
- 2 frische Eier (Gr. M)
- 225 g Puderzucker
- 60 g Kakao
- 1 Prise Salz
- 2 Packungen (à 200 g) Butterkekse
- 4 runde Kekse (z. B. „Prinzenrolle")
- 1 Haselnußschnitte (z. B. „Hanuta")
- Süßigkeiten (z. B. Lakritz, Speck-stangen, Zitronenschaum und Weingummi)
- 1 TL Puderzucker
- Pergament- oder Backpapier

1. Kokosfett bei schwacher Hitze schmelzen, dann abkühlen lassen. Eier, Puderzucker, Kakao und Salz schaumig rühren. Kokosfett nach und nach unterrühren.

2. Eine Kastenform (ca. 20 cm lang) mit Pergamentpapier auslegen. Schokomasse, bis auf 4 EL zum Verzieren, und Butterkekse abwech-selnd bis zur Hälfte in die Form schichten. Für die „Motorhaube" auf eine Hälfte des Kuchens 2 Lagen Kekse und Schokocreme geben. Für das „Fahrerhäuschen" auf die hintere Hälfte der Motorhaube 6 Lagen Butterkekse und Schokomasse schich-ten. Ca. 3–4 Stunden kalt stellen.

3. Laster vorsichtig mit Hilfe des Per-gamentpapiers aus der Form heben. Papier abziehen. 4 EL Schokomasse erwärmen. Zum Verzieren des Lasters die runden Kekse für die Räder, Haselnußschnitte als Dach und ver-schiedene Süßigkeiten als Fenster, Schweinwerfer und Ladefläche mit der erwärmten Schokomasse an den Laster kleben. Mit Puderzucker bestäuben.

Zubereitungszeit ca. 1¼ Std.
Wartezeit ca. 4 Std.
Pro Stück ca. 310 kcal / 1300 kJ.

Backen mit Kindern

Papageien-Kuchen

Zutaten für ca. 20 Stücke:

- 250 g Butter/Margarine
- 250 g Zucker
- 5 Eier (Gr. M)
- 2 EL Schlagsahne
- 250 g Mehl
- 1 Päckchen Backpulver
- 1 Päckchen Soßenpulver „Vanille-Geschmack" (für ¼ l Milch; ohne Kochen)
- 1 EL Kakao
- 1 Beutel Götterspeise „Himbeer-Geschmack" oder „Waldmeister-Geschmack" (für ½ l Flüssigkeit; kein Instant-Produkt)
- Fett und Paniermehl für die Form
- evtl. 2 EL Puderzucker

1. Weiches Fett und Zucker schaumig rühren. Eier und Sahne nach und nach unterrühren. Mehl und Backpulver mischen und unter die Fett-Eimasse rühren. Teig in 3 Portionen teilen. Soßenpulver unter einen Teil, Kakao unter den zweiten Teil und Götterspeisepulver unter den dritten Teil rühren.

2. Eine Kastenform (ca. 25 cm lang) einfetten und mit Paniermehl ausstreuen. Zuerst den hellen Teig, dann den dunklen Teig und zuletzt den roten Teig in die Form füllen und glattstreichen.

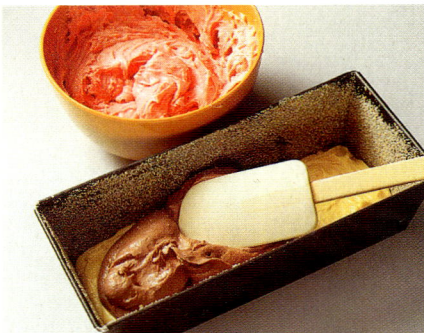

3. Im vorgeheizten Backofen (E-Herd: 175 °C / Umluft: 150 °C / Gas: Stufe 2) ca. 1¼ Stunden backen. Eventuell abdecken. Kuchen etwas abkühlen, dann stürzen und vollständig auskühlen lassen. Evtl. mit Puderzucker bestäuben.

Zubereitungszeit ca. 1½ Std.
Pro Stück ca. 230 kcal / 960 kJ.

Lustige Keks-Taler

Zutaten für ca. 10 Keks-Taler:

- 250 g Mehl
- 1 Ei (Gr. M)
- 75 g Zucker
- 1 Päckchen Vanillin-Zucker
- 125 g kalte Butter/Margarine
- Mehl für die Arbeitsfläche
- 3 EL Himbeer-Gelee
- 75 g + 75 g Puderzucker
- 2 EL Kirschsaft
- Schokolinsen, Liebesperlen oder Fruchtgummi zum Verzieren
- Backpapier

1. Mehl in eine Schüssel geben, in die Mitte eine Mulde drücken. Ei hineingeben. Zucker und Vanillin-Zucker auf den Mehlrand setzen. Fett in Stück-chen darauf verteilen und mit den Knethaken des Handrührgerätes zu einem glatten Teig verkneten. Zugedeckt ca. 30 Minuten kalt stellen.

2. Teig auf bemehlter Arbeitsfläche ca. ½ cm dünn ausrollen. Mit einer runden Ausstechform (ca. 8 cm Ø) ca. 20 Kreise ausstechen. Teigkreise auf ein mit Backpapier ausgelegtes Backblech legen. Im vorgeheizten Backofen (E-Herd: 200 °C / Umluft: 175 °C / Gas: Stufe 3) 12–14 Minuten backen. Kekse auf einem Kuchengitter auskühlen lassen.

3. Gelee erwärmen. Die Hälfte der Kekse mit Gelee bestreichen, restliche Kekse daraufsetzen. 75 g Puderzucker und 1–2 EL Wasser glattrühren. 75 g Puderzucker und 2 EL Kirschsaft glattrühren. Eine Hälfte der Keks-Taler mit weißem Puderzuckerguß, die übrigen Keks-Taler mit rosa Guß bestreichen.

Die Süßigkeiten als Blumen oder Gesichter auf den Guß setzen. Keks-Taler trocknen lassen.

Zubereitungszeit ca. 1½ Std. (ohne Wartezeit). Pro Stück ca. 290 kcal / 1210 kJ.

Backen mit Kindern

Marien-Käfer

Zutaten für ca. 10 Käfer:

- 100 g Butter/Margarine
- 100 g Zucker
- 1 Päckchen Vanillin-Zucker
- 1 Prise Salz
- 2 Eier (Gr. M)
- 250 g Mehl
- 3 TL Backpulver
- 1 Päckchen Puddingpulver „Vanille-Geschmack" (für ½ l Milch; zum Kochen)
- 3 EL Milch
- ½ Beutel dunkle Kuchenglasur
- 200 g Puderzucker
- 3–4 EL Zitronensaft
- rote Back- und Speisefarbe
- Schokoladen-Mokkabohnen und Zuckerperlen
- Backpapier

1. Für den Rührteig weiches Fett, Zucker, Vanillin-Zucker und Salz schaumig schlagen. Eier einzeln unterrühren. Mehl, Backpulver und Puddingpulver mischen. Mit der Milch zur Fett-Eimasse geben und alles zu einem geschmeidigen Teig verrühren.

2. Den Teig in 10 Portionen teilen und mit leicht angefeuchteten Händen daraus 10 ovale Marienkäfer formen, auf ein mit Backpapier ausgelegtes Backblech legen. Im vorgeheizten Backofen (E-Herd: 200 °C/ Umluft: 175 °C / Gas: Stufe 3) ca. 15 Minuten backen. Auskühlen lassen.

3. Kuchenglasur im heißen Wasserbad schmelzen lassen. Puderzucker und Zitronensaft glatt verrühren. Eine Hälfte von dem Guß mit Speisefarbe rot einfärben.

4. Marienkäfer je nach Geschmack mit Schokoglasur, rotem oder weißem Guß überziehen. Mit einem Pinsel aus dem Guß und der Schokoladenglasur Augen, Nasen und Punkte auf die Käfer malen und zusätzlich mit halbierten Mokkabohnen und Zuckerperlen verzieren. Marienkäfer trocknen lassen.

Zubereitungszeit ca. 1½ Std. (ohne Wartezeit). Pro Stück ca. 350 kcal / 1470 kJ.

Häschens Rüben-Kuchen

Zutaten für ca. 12 Stücke:

- 225 g Möhren
- 1 unbehandelte Orange
- 4 Eier (Gr. M)
- 150 g Zucker
- 100 g Mandelstifte
- 75 g Mehl
- 1 gestrichener TL Backpulver
- Fett und Paniermehl für die Form
- 1–2 EL Aprikosen-Konfitüre
- 50 g Corn-flakes
- Puderzucker zum Bestäuben
- nach Belieben kleine Zuckereier zum Verzieren

1. Möhren schälen, waschen und grob raspeln. Orange heiß waschen, trockentupfen und die Schale abraspeln. Saft auspressen. Eier trennen.

Eigelb und Zucker mit den Schneebesen des Handrührgerätes cremig rühren. Möhren, Mandeln, Orangenschale, Mehl und Backpulver mischen und unter die Ei-Zuckermasse rühren. Eiweiß steif schlagen, unterheben.

2. Den Teig in eine gefettete, mit Paniermehl ausgestreute Kranzform (ca. 20 cm Ø) oder eine Kastenform (ca. 25 cm lang) füllen und glattstreichen. Im vorgeheizten Backofen

(E-Herd: 175 °C / Umluft: 150 °C/ Gas: Stufe 2) 50–60 Minuten backen. Den Kuchen in der Form etwas abkühlen. Dann stürzen und vollständig auskühlen lassen.

3. Orangensaft und Konfitüre erwärmen und den Kuchen damit beträufeln. Corn-flakes darüberstreuen und mit Puderzucker bestäuben. Nach Belieben mit Zuckereiern verzieren.

Zubereitungszeit ca. 1¼ Std. (ohne Wartezeit).
Pro Stück ca. 210 kcal / 880 kJ.

Aprikosen-Torte mit Kokoskonfekt

Zutaten für ca. 26 Stücke:

- 250 g gemahlene Haselnüsse
- 6 Eier (Gr. M)
- 450 g Butter/Margarine
- 250 g + 50 g Zucker
- 450 g Mehl, 2 TL Backpulver
- Fett für die Form
- 4 EL Aprikosen-Konfitüre
- 5 EL Rum oder Fruchtsaft
- 300 g Puderzucker
- 100 g Kokosraspel
- 1 Dose (425 ml) Aprikosen
- 200 g Schlagsahne
- zum Verzieren Kokoskonfekt und evtl. Schokoladen-Käfer

1. Nüsse in einer Pfanne ohne Fett rösten. Eier trennen. Fett und 250 g Zucker schaumig rühren. Eigelb unterrühren. Nüsse, Mehl und Backpulver mischen, unterrühren. Eiweiß und 50 g Zucker steif schlagen und unter den Teig ziehen.

2. Eine Springform (26 cm Ø) am Boden fetten und die Hälfte Teig einfüllen. Im vorgeheizten Backofen (E-Herd: 200 °C / Umluft: 175 °C / Gas: Stufe 3) ca. 25 Minuten backen. Übrigen Teig ebenso backen. Konfitüre und Rum oder Saft glattrühren. Böden damit bestreichen.

3. Aus einem Boden einen Kreis (18 cm Ø) ausschneiden. Puderzucker und 6–7 EL Wasser verrühren. Großen Boden mit 2 EL Guß bestreichen. 2. Boden daraufsetzen. Torte mit Rest Guß überziehen. Mit Kokosraspel bestreuen, trocknen lassen.

4. Aprikosen auf einem Sieb abtropfen lassen. Sahne steif schlagen und in einen Spritzbeutel füllen. Torte mit Sahnetuffs, Aprikosen, Kokoskonfekt und Käfern verzieren.

Zubereitungszeit ca. 2 Std. (ohne Wartezeit).
Pro Stück ca. 340 kcal / 1420 kJ.

und Torten zum Verschenken

Damit kommen Sie garantiert gut an

Zur Hochzeit, Verlobung oder Taufe

Kuchen zum Verschenken

Waffeltorte mit Himbeersahne

Zutaten für ca. 10 Stücke:

- 125 g Butter/Margarine
- 125 g + 50 g Zucker
- 1 TL unbehandelte Zitronen-schale (gibt's gerieben zu kaufen)
- 2 Eier (Gr. M)
- 75 g Mehl
- 75 g Speisestärke
- Öl für das Waffeleisen
- 300 g frische oder TK-Himbeeren
- 1 Päckchen Vanillin-Zucker
- 300 g Schlagsahne
- 2 Päckchen Sahnefestiger
- 1 EL Puderzucker

1. Weiches Fett, 125 g Zucker und Zitronenschale schaumig rühren. Eier einzeln unterrühren. Mehl und Stärke mischen, darübersieben, unterrühren.

2. Waffeleisen aufheizen, mit etwas Öl ausstreichen. 2–3 EL Teig ins Waffel-eisen geben. Den Deckel schließen. Waffel 2–3 Minuten backen. Aus-kühlen lassen. Aus dem übrigen Teig 3 weitere Waffeln backen.

3. Himbeeren verlesen bzw. auftauen lassen. 200 g Himbeeren durch ein Sieb streichen. Mit 50 g Zucker und Vanillin-Zucker abschmecken. Sahne steif schlagen, Sahnefestiger dabei einrieseln lassen. Himbeerpüree unterziehen.

4. Sahne in einen Spritzbeutel mit Sterntülle füllen und auf 3 Waffeln spritzen. Waffeln zu einem Turm zusammensetzen. Übrige Waffel in Herzen teilen, in die Sahne stecken. Mit Puderzucker bestäuben und mit übrigen Beeren verzieren.

Zubereitungszeit ca. 1¼ Std.
Pro Stück ca. 350 kcal / 1470 kJ.

Alles Liebe ...

... zum Muttertag

Schokoladen-Herz mit Marzipan-Rose

Zutaten für ca. 12 Stücke:

- 175 g Butter/Margarine
- 175 g Zucker
- 3 Eier (Gr. M)
- Mark von 1 Vanilleschote
- 1 Prise Salz
- abgeriebene Schale von 1 unbehandelten Zitrone
- 150 g Mehl
- 70 g Speisestärke
- 1 TL Backpulver
- Fett und Paniermehl für die Form
- 200 g Halbbitter-Kuvertüre
- Kakao und Puderzucker
- 50 g rosa Marzipan (gibt's fertig zu kaufen)
- Zucker zum Wälzen

1. Für den Rührteig weiches Fett und Zucker cremig rühren. Dann Eier nacheinander unterrühren. Vanillemark, Salz und Zitronenschale zufügen. Mehl, Speisestärke und Backpulver mischen, unterrühren.

2. Teig in eine gefettete, mit Paniermehl ausgestreute Herzform (ca. 1 l Inhalt) füllen. Im vorgeheizten Backofen (E-Herd: 175 °C / Umluft: 150 °C / Gas: Stufe 2) ca. 1 Stunde backen. Kuchen stürzen und auskühlen lassen.

3. Kuvertüre grob hacken und im heißen Wasserbad schmelzen. Kuchen mit der Kuvertüre überziehen. Trocknen lassen.

4. Das Herz mit Papierstreifen belegen. Zuerst Kakao, dann Puderzucker darübersieben. Streifen abnehmen. Marzipan in 5 Stücke teilen, oval ausrollen. In Zucker wälzen, zur Rose formen. Torte mit Rose und evtl. Rosenblättern verzieren.

Zubereitungszeit ca. 1¾ Std. (ohne Wartezeit).
Pro Stück ca. 360 kcal / 1510 kJ.

Kuchen zum Verschenken

Cappuccino-Kranzkuchen

Zutaten für ca. 20 Stücke:

- 4 Tassenportionen (à 10 g) lösliches Cappuccino-Pulver
- 6 Eier (Gr. M)
- 375 g Butter/Margarine
- 375 g Zucker
- 375 g Mehl
- 1 Päckchen Backpulver
- ca. 5 EL Milch
- Fett für die Form
- 5–6 EL Orangenlikör oder Orangensaft
- 100 g Schlagsahne
- 1 Päckchen Vanillin-Zucker
- einige Schoko-Mokkabohnen und je 1 EL Puderzucker und Kakao zum Verzieren

1. Cappuccino-Pulver in 4 EL heißem Wasser auflösen. Eier trennen. Eiweiß steif schlagen. Weiches Fett und Zucker schaumig rühren. Eigelb unterrühren. Mehl und Backpulver mischen, unterrühren. Aufgelöstes Kaffeepulver und Milch unterrühren, bis der Teig schwerreißend vom Löffel fällt. Eiweiß unterziehen.

2. Eine Kranzform (26 cm Ø, 3 l Inhalt) oder Napfkuchenform (22 cm Ø, 3 l Inhalt) fetten, Teig einfüllen. Im vorgeheizten Backofen (E-Herd: 200 °C / Umluft: 175 °C / Gas: Stufe 3) ca. 1 Stunde backen. Stürzen und mit einem Holzspießchen einstechen. Noch warm mit Likör tränken und auskühlen lassen.

3. Sahne und Vanillin-Zucker steif schlagen. Kranzkuchen mit Sahnetuffs und Schoko-Mokkabohnen verzieren. Puderzucker und Kakao mischen und den Kuchen damit bestäuben.

Zubereitungszeit ca. 1¾ Std. (ohne Wartezeit).
Pro Stück ca. 350 kcal / 1470 kJ.

Zum Kaffeeklatsch

Zum Geburtstag

Bunte Schoko-Törtchen

Zutaten für ca. 17 Stück:
- 200 g Butter/Margarine
- 125 g Zucker
- 1 Prise Salz
- 1 Päckchen Vanillin-Zucker
- 3 Eier (Gr. M)
- 350 g Mehl
- 1 Päckchen Backpulver
- 6 EL Milch
- 1 Päckchen (75 g) Schoko-Tröpfchen
- 100 g dunkle Kuchenglasur
- 150 g Puderzucker
- nach Belieben Süßigkeiten (z. B. Liebesperlen, Zucker-blümchen) und gemahlene Pistazien zum Verzieren
- ca. 34 Papier-Backförmchen

1. Weiches Fett, Zucker, Salz und Va-nillin-Zucker schaumig schlagen. Eier einzeln unterrühren. Mehl und Back-pulver mischen, daraufsieben und mit der Milch unterrühren. Schoko-Tröpf-chen unterheben.

2. Jeweils 2 Papierförmchen ineinan-dersetzen. Etwa zur Hälfte mit Teig fül-len. Törtchen auf einem Backblech im vorgeheizten Backofen (E-Herd: 175 °C / Umluft: 150 °C / Gas: Stufe 2) ca. 25 Minuten backen. Törtchen aus-kühlen lassen.

3. Kuchenglasur schmelzen. Puder-zucker und 3 EL Wasser zum glatten Guß verrühren.

4. Törtchen nach Belieben mit Zuk-kerguß oder Kuchenglasur überzie-hen. Mit verschiedenen Süßigkeiten und gemahlenen Pistazien bunt ver-zieren. Nach Belieben mit kleinen Geburtstagskerzen verzieren.

Zubereitungszeit ca. 1½ Std. (ohne Wartezeit). Pro Stück ca. 290 kcal / 1210 kJ.

Kuchen zum Verschenken

Zitronen-Schmand-Kuchen

Zutaten für 16–20 Stücke:

- 1 unbehandelte Zitrone
- 300 g Butter/Margarine
- 250 g Zucker
- 6 Eier (Gr. M)
- 500 g Mehl
- 1 Päckchen Backpulver
- 250 g Schmand oder stichfeste saure Sahne
- Fett für das Backblech
- 100 g Puderzucker
- 200 g Schlagsahne
- 1 Päckchen Vanillin-Zucker
- Süßigkeiten zum Verzieren

1. Zitrone waschen und trockenreiben. Die Schale abreiben und den Saft auspressen. Weiches Fett, Zucker und Zitronenschale schaumig rühren. Eier unterrühren. Mehl und Backpulver mischen. Im Wechsel mit dem Schmand unterrühren.

2. Ein Backblech (ca. 35 x 40 cm) fetten. Teig darauf glatt verstreichen. Im vorgeheizten Backofen (E-Herd: 175 °C / Umluft: 150 °C / Gas: Stufe 2) ca. 25 Minuten backen. Noch warm mit Zitronensaft beträufeln und dann auskühlen lassen.

3. Puderzucker und ca. 1 EL Wasser glatt verrühren. In einen Gefrierbeutel füllen und eine Ecke abschneiden. Sahne und Vanillin-Zucker steif schlagen. In einen Spritzbeutel mit kleiner Lochtülle füllen.

4. Mit dem Zuckerguß 16–20 Stücke auf den Kuchen „zeichnen". Mit Rest Guß, Sahne und Süßigkeiten (z. B. mit Verkehrszeichen, Ampeln etc.) verzieren.

Zubereitungszeit ca. 1¼ Std.
(ohne Wartezeit).
Pro Stück ca. 340 kcal / 1420 kJ.

Zum Führerschein

Als süßes Dankeschön

Obst-Sahne-Torte

Zutaten für ca. 12 Stücke:

- 3 Eier (Gr. M)
- 100 g Zucker
- 75 g Mehl
- 50 g Speisestärke
- 1 gehäufter TL Backpulver
- Fett für die Form
- 1 Dose (850 ml) Ananasscheiben
- 1 Glas (360 ml) Sauerkirschen
- 1 Kiwi
- 300 g Schlagsahne
- 1 Päckchen Sahnefestiger
- 2 Päckchen Vanillin-Zucker
- 1 Päckchen klarer Tortenguß
  (für ¼ l Flüssigkeit)

1. Eier trennen. Eiweiß steif schlagen. Zucker dabei einrieseln lassen.

Eigelb unterziehen. Mehl, Stärke und Backpulver mischen, daraufsieben und unterziehen. Eine Springform (26 cm Ø) am Boden fetten. Masse einfüllen. Im vorgeheizten Backofen (E-Herd: 175 °C / Umluft: 150 °C/ Gas: Stufe 2) ca. 25 Minuten backen. Auskühlen lassen.

2. Ananas und Kirschen abtropfen. Ananassaft auffangen. 4 Ananasscheiben halbieren, Rest in kleine

Stücke schneiden. 8 Kirschen beiseite legen. Kiwi schälen und vierteln.

3. Sahne, Sahnefestiger und Vanillin-Zucker steif schlagen. 3 EL Sahne in einen Spritzbeutel mit Sterntülle füllen und kühl stellen.

4. Biskuitboden halbieren. Sahne auf den unteren Boden streichen. Ananasstücke und Kirschen darauf verteilen. 2. Boden daraufsetzen. Mit Ananas, Kiwi und Rest Kirschen wie eine Blüte verzieren. Tortenguß und ¼ l Ananassaft verrühren, aufkochen. Torte damit gleichmäßig überziehen. Torte ca. 1 Stunde kühl stellen. Mit übriger Sahne verzieren.

Zubereitungszeit ca. 1 Std.
Wartezeit ca. 1–2 Std.
Pro Stück ca. 300 kcal /1260 kJ.

Nuß-Sahne-Torte mit Marzipan-Häschen

Zutaten für ca. 16 Stücke:

- 4 Eier (Gr. M)
- 100 g Zucker
- 1 Päckchen Vanillin-Zucker
- 1 Prise Salz
- 100 g Mehl
- 50 g Speisestärke
- 1 gestr. TL Backpulver
- 50 g + 50 g Haselnuß-Krokant
- Fett für die Form
- 75 g + 75 g + 50 g Aprikosen-Konfitüre
- 750 g Schlagsahne
- 2 Päckchen Sahnefestiger
- 100 g gemahlene Haselnüsse
- 350 g Marzipan-Rohmasse
- 75 g Puderzucker
- Minze, Sahne, Marzipaneier und -häschen zum Verzieren

1. Eier, Zucker, Vanillin-Zucker und Salz ca. 5 Minuten cremig rühren. Mehl, Stärke und Backpulver daraufsieben und unterheben. 50 g Krokant unterheben. Teig in eine nur am Boden gefettete Springform (26 cm Ø) füllen. Im vorgeheizten Backofen (E-Herd: 200 °C/ Umluft: 175 °C / Gas: Stufe 3) ca. 20 Minuten backen. Auskühlen.

2. Boden 2x teilen. 1. und 2. Boden mit je 75 g Konfitüre bestreichen. Sahne und Sahnefestiger in 2 Portionen steif schlagen. 2 EL zum Verzieren beiseite stellen. Nüsse unter übrige Sahne heben. ⅓ davon auf 1. Boden streichen. 2. Boden daraufsetzen und mit ⅓ Nußsahne bestreichen. 3. Boden daraufsetzen. Torte mit Rest Nußsahne einstreichen.

3. Marzipan und Puderzucker verkneten. Rund (ca. 34 cm Ø) ausrollen. Torte damit umhüllen. Rand mit 50 g Konfitüre bestreichen und Rest Krokant andrücken. Torte mit Sahnetuffs, Minze, Marzipaneiern und -Häschen verzieren.

Zubereitungszeit ca. 1½ Std. (ohne Wartezeit). Pro Stück ca. 460 kcal / 1930 kJ.

Osterfreuden

Liebevoll verziert und sehr dekorativ

Backen für Ostern

Buttermilch-Zitronen-Kuchen

Zutaten für ca. 16 Stücke:

- 4–5 Zitronen
  (davon 1 unbehandelte Zitrone)
- 225 g Zucker
- 3 Eier (Gr. M)
- ⅜ l Buttermilch
- 1 Prise Salz
- 450 g Mehl
- 1 Päckchen Backpulver
- 4 EL Puderzucker
- ½ Dose (850 ml) Aprikosen
- 400 g Schlagsahne
- 1 Päckchen Vanillin-Zucker
- gehackte Pistazien, abgezogene
  Mandelkerne und Zitronenmelisse
  zum Verzieren
- Backpapier

1. Unbehandelte Zitrone waschen und die Schale abreiben. Zitronenschale, Zucker, Eier, Buttermilch und Salz schaumig rühren. Mehl und Backpulver mischen und unterrühren. Teig auf ein mit Backpapier ausgelegtes Backblech (ca. 35 x 40 cm) streichen. Im vorgeheizten Backofen (E-Herd: 175 °C / Umluft: 150 °C / Gas: Stufe 2) ca. 25 Minuten backen.

2. Alle Zitronen auspressen. 200 ml Saft abmessen und mit Puderzucker verrühren. Den noch heißen Kuchen mehrmals einstechen und damit beträufeln. Auskühlen lassen.

3. Aprikosen auf einem Sieb abtropfen lassen. Sahne steif schlagen, Vanillin-Zucker dabei einrieseln lassen. In einen Spritzbeutel mit großer Sterntülle füllen.

4. Kuchen in ca. 16 Stücke teilen. Je einen großen Sahnetuff auf jedes Stück spritzen. Mit Aprikosenhälften, Pistazien, Mandeln und Zitronenmelisse verzieren.

Zubereitungszeit ca. 1¾ Std.
(ohne Wartezeit).
Pro Stück ca. 290 kcal / 1210 kJ.

Schoko-Makronen-Torte

Zutaten für ca. 16 Stücke:

- 75 g Mehl
- 2 Päckchen Vanillin-Zucker
- 40 g Butter/Margarine
- 3 Eigelb (Gr. M)
- 60 g + 90 g Puderzucker
- 275 g + 25 g Marzipan-Rohmasse
- 225 g + 50 g + 25 g Halbbitter-Kuvertüre
- 200 g Schlagsahne
- evtl. einige Wiener Mandeln
- Backpapier, Gefrierbeutel

1. Für den Mürbeteig Mehl, Vanillin-Zucker, Fett und 1 Eigelb zu einem glatten Teig verkneten. Zugedeckt ca. 30 Minuten kalt stellen. Auf einem Springformboden (22 cm Ø) ausrollen. Im vorgeheizten Backofen

(E-Herd: 175 °C / Umluft: 150 °C/ Gas: Stufe 2) 15–20 Minuten backen.

2. 2 Backbleche mit Backpapier auslegen und je 2 Kreise (20 cm Ø) mit Hilfe eines Formbodens aufzeichnen.

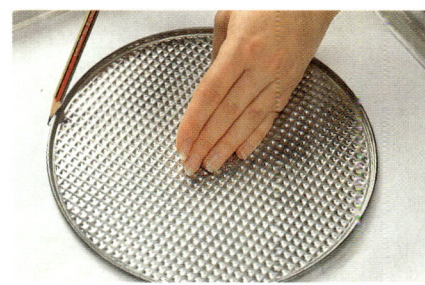

60 g Puderzucker, 275 g Marzipan und 2 Eigelb glatt verkneten. In einen Spritzbeutel mit großer Lochtülle füllen und als Ringe auf die Bleche spritzen. Im vorgeheizten Backofen

(E-Herd: 150 °C / Umluft: 125 °C/ Gas: Stufe 1) ca. 15 Minuten backen.

3. 225 g Kuvertüre schmelzen. 2 EL auf den Boden streichen. Marzipanringe als Rand darauflegen. 50 g Kuvertüre hacken. Sahne steif schlagen. 90 g Puderzucker in 4 EL warmem Wasser lösen. Mit Rest geschmolzener Kuvertüre verrühren. Sahne und gehackte Kuvertüre unterheben. Creme auf den Boden füllen. Ca. 3 Stunden kalt stellen.

4. 25 g Kuvertüre schmelzen. In einen Gefrierbeutel füllen, eine kleine Ecke abschneiden. Torte mit Kuvertüre, 25 g Marzipan und evtl. Mandeln verzieren.

Zubereitungszeit ca. 1¾ Std.
Wartezeit ca. 4 Std.
Pro Stück ca. 310 kcal / 1300 kJ.

171

Backen für Ostern

Frühstücks-Osterhase

**Zutaten für 1 Hasen
(ergibt ca. 12 Stücke):**

- ¼ l Milch
- 500 g Mehl
- 1 Päckchen (7 g) Trockenhefe
- 1 Ei (Gr. M)
- 75 g Zucker
- 1 Päckchen Vanillin-Zucker
- 1 Prise Salz
- 50 g Butter/Margarine
- 2–4 Rosinen
- 1 Haselnuß
- 1 Eigelb
- ca. 3 EL Puderzucker
- evtl. Marzipan-Möhren und Schleife
  zum Verzieren
- Backpapier
- Gefrierbeutel

1. Milch erwärmen. Mehl und Hefe
mischen. Mit Ei, Milch, Zucker,
Vanillin-Zucker, Salz und Fett verkneten. Zugedeckt an einem warmen
Ort ca. 30 Minuten gehen lassen.

2. Teig durchkneten. In 3 Portionen
teilen. Aus ⅓ Teig Kopf und Ohren,
aus ⅓ Teig den Rumpf und aus Rest
Teig Pfoten und Arme formen. Auf ein
mit Backpapier ausgelegtes Backblech zum Hasen zusammensetzen.
Rosinen als Augen, Nuß als Nase hineindrücken. Osterhasen nochmals
15 Minuten gehen lassen.

3. Im vorgeheizten Backofen (E-Herd:
200 °C / Umluft: 175 °C / Gas: Stufe 3)
ca. 20 Minuten backen. Eigelb und
2 EL Wasser verquirlen. Den Hasen
mit Eigelb bestreichen und weitere
10–20 Minuten backen. Hasen herausnehmen und auskühlen lassen. Puderzucker und 1 TL Wasser glatt verrühren. Guß in einen Gefrierbeutel
füllen und eine kleine Ecke abschneiden. Guß als Bart auf den Hasen spritzen. Evtl. mit Marzipan-Möhren und
Schleife verzieren.

Zubereitungszeit ca. 2 Std.
Pro Stück ca. 220 kcal / 920 kJ.

Rübli-Kranzkuchen

Zutaten für ca. 16 Stücke:

- 300 g Möhren
- 5 Eier (Gr. M)
- 175 g Zucker
- 150 g gemahlene Mandeln
- 150 g gemahlene Haselnüsse
- ½–1 TL gemahlener Zimt
- 1 gehäufter TL Backpulver
- 2 EL Rum oder Milch
- etwas Fett und Paniermehl für die Form
- 100 g Marzipan-Rohmasse
- 50 g Puderzucker
- rote und gelbe Speisefarbe
- ca. 2 EL (30 g) Pistazienkerne
- 2 EL (20 g) Mandelblättchen
- 150 g weiße Kuvertüre

1. Möhren schälen, waschen und fein raspeln. Eier trennen. Eigelb und Zucker schaumig rühren. Mandeln, Nüsse, Zimt und Backpulver mischen. Mit Möhren und Rum oder Milch unter die Eimasse ziehen. Eiweiß steif schlagen und vorsichtig unterheben.

2. Eine Springform mit Rohrboden-einsatz (26 cm Ø) fetten und mit Paniermehl ausstreuen. Teig einfüllen. Den Kuchen im vorgeheizten Back-ofen (E-Herd: 200 °C / Umluft: 175 °C / Gas: Stufe 3) 45–55 Minuten backen. Auskühlen lassen.

3. Marzipan und Puderzucker verkne-ten. Mit etwas roter und gelber Speisefarbe orange einfärben. Möhr-chen daraus formen. Einige Pistazien halbieren und als Möhrengrün hinein-stecken.

4. Mandelblättchen ohne Fett kurz rösten und abkühlen lassen. Kuvertüre im heißen Wasserbad schmelzen. Kuchen damit überziehen. Etwas antrocknen lassen. Übrige Pistazien fein hacken. Kuchen damit bestreuen. Mit Möhren und Mandeln verzieren.

Zubereitungszeit ca. 1½ Std. (ohne Wartezeit).
Pro Stück ca. 310 kcal / 1300 kJ.

173

Backen für Ostern

Nougat Pfirsich-Torte

Zutaten für ca. 16 Stücke:

- 125 g Nußnougat, schnittfest
- 125 g Butter/Margarine
- 50 g + 50 g Zucker
- 2 Eier (Gr. M)
- 200 g Mehl
- 25 g Speisestärke
- 2 gestrichene TL Backpulver
- 4 EL Milch
- Fett für die Form
- 1 Dose (850 ml) Pfirsiche
- 3 Päckchen Sahnefestiger
- 400 g + 200 g Schlagsahne
- 1 TL unbehandelte Orangenschale (gibt's gerieben zu kaufen)
- 150 g Magermilch-Joghurt
- 1 Päckchen Vanillin-Zucker
- evtl. gehackte Pistazien und bunte Zucker-Eier

1. Nougat schmelzen. Mit weichem Fett und 50 g Zucker schaumig rühren. Eier einzeln unterrühren. Mehl, Stärke und Backpulver mischen. Im Wechsel mit der Milch unterrühren. Eine Springform (26 cm Ø) fetten. Teig darin verstreichen. Im vorgeheizten Backofen (E-Herd: 175 °C / Umluft: 150 °C / Gas: Stufe 2) ca. 30 Minuten backen. Auskühlen lassen.

2. Boden halbieren. Springformrand um den unteren Boden schließen. Pfirsiche abtropfen lassen und, bis auf 2 Hälften, würfeln. 50 g Zucker und Sahnefestiger mischen. 400 g Sahne steif schlagen. Zucker-Mischung einrieseln lassen. Pfirsichwürfel, Orangenschale und Joghurt unterheben. Auf den Boden streichen. 2. Boden auflegen. Ca. 1 Stunde kühlen.

3. 200 g Sahne und Vanillin-Zucker steif schlagen. 3 EL davon in einen Spritzbeutel füllen. Torte mit Sahne einstreichen. Mit Sahnetuffs, Pistazien, restlichen Pfirsichen und Zucker-Eiern verzieren.

Zubereitungszeit ca. 1½ Std.
Wartezeit ca. 2 Std.
Pro Stück ca. 350 kcal / 1470 kJ.

Zucker-Brezel mit Aprikosen

Zutaten für ca. 20 Stücke:

- 100 g getrocknete Aprikosen
- 200 g Marzipan-Rohmasse
- 50 g Puderzucker
- 150 g Magerquark
- 6 EL + 1 EL Milch
- 6 EL Öl
- 75 g Zucker
- 1 Päckchen Vanillin-Zucker
- 1 Ei (Gr. M)
- 350 g Mehl
- 1 Prise Salz
- 1 Päckchen Backpulver
- 1 Eigelb
- 2 EL Hagelzucker
- Backpapier

1. Aprikosen grob hacken. Marzipan in Würfel schneiden. Marzipan und Puderzucker verkneten. Aprikosenwürfel darunterkneten.

2. Für den Quark-Öl-Teig Quark, 6 EL Milch, Öl, Zucker, Vanillin-Zucker und Ei mit den Schneebesen des Handrührgerätes verrühren. Mehl, Salz und Backpulver mischen. Hälfte Mehl unterrühren, übrige Hälfte unterkneten.

3. Teig mit den Händen nochmals gut durchkneten und auf einer bemehlten Arbeitsfläche zu einem Streifen (18 x 100 cm) ausrollen. Marzipan-Füllung zu 2 oder 3 Rollen (insgesamt 90 cm) formen. Der Länge nach auf den Teig legen. Marzipanrollen mit dem Teig umschließen. Anschließend zu einer großen Brezel formen.

4. Auf ein mit Backpapier ausgelegtes Backblech legen. Eigelb und 1 EL Milch verquirlen. Brezel damit bestreichen und mit Hagelzucker bestreuen. Im vorgeheizten Backofen (E-Herd: 200 °C / Umluft: 175 °C / Gas: Stufe 3) 25 Minuten backen.

Zubereitungszeit ca. 1¼ Std.
Pro Stück ca. 210 kcal / 880 kJ.

Lebkuchen-Mascarpone-Torte

Zutaten für ca. 16 Stücke:

- 3 Eier (Gr. M)
- 100 g + 40 g + 1 EL Zucker
- 1 Beutel Orange-back
- 75 g Mehl, 75 g Speisestärke
- 1 gehäufter TL Backpulver
- 5 Blatt weiße Gelatine
- 200 g Marzipan-Rohmasse
- 50 g + etwas Puderzucker
- 200 g Schoko-Lebkuchen
- 200 g + 450 g Schlagsahne
- 250 g Mascarpone (ital. Frischkäse)
- 300 g Vollmilch-Joghurt
- 2 TL Zimt
- 5–6 EL Orangensaft
- 75 g Himbeergelee
- 1 Päckchen Vanillin-Zucker
- rote Belegkirschen und kleine Zimtsterne zum Verzieren
- Backpapier

1. Springformboden (26 cm Ø) mit Backpapier auslegen. Eier trennen. Eiweiß und 3 EL kaltes Wasser steif schlagen. 100 g Zucker dabei einrieseln lassen. Eigelb und Orange-back darunterschlagen. Mehl, Stärke und Backpulver sieben und unterheben. Masse in die Form füllen. Im vorgeheizten Backofen (E-Herd: 175 °C/Umluft: 150 °C / Gas: Stufe 2) 30–35 Minuten backen. Auskühlen lassen.

2. Gelatine kalt einweichen. Marzipan und 50 g Puderzucker verkneten, halbieren. Auf Puderzucker zu 2 Platten (à 26 cm Ø) ausrollen.

3. Lebkuchen fein würfeln. 200 g Sahne steif schlagen. Mascarpone, Joghurt, 40 g Zucker und 1 TL Zimt verrühren. Gelatine ausdrücken, auflösen, mit etwas Creme verrühren. Unter die übrige Creme rühren. Sahne und Lebkuchen unterheben.

4. Biskuit halbieren, mit Saft beträufeln. Formrand um unteren Boden schließen. Hälfte Creme daraufstreichen. 1x Marzipan darauflegen. Mit erwärmtem Gelee bestreichen. Mit Marzipan belegen, übrige Creme daraufstreichen. Mit 2. Boden bedecken. Ca. 3 Stunden kühlen.

5. 450 g Sahne mit 1 EL Zucker und Vanillin-Zucker steif schlagen. Torte mit ⅔ Sahne einstreichen. Mit Sahnetuffs, 1 TL Zimt, Belegkirschen und Keksen verzieren.

Zubereitungszeit ca. 1¾ Std.
Wartezeit ca. 4 Std.
Pro Stück ca. 450 kcal / 1890 kJ.

Große Weih

nachtsbäckerei

**Von der himmlischen Torte bis zum
knusprigen Plätzchen**

Lübecker Marzipan-Torte

Zutaten für ca. 16 Stücke:

- 4 Eier (Gr. M)
- 100 g Zucker
- 1 Päckchen Vanillin-Zucker
- 100 g Mehl
- 50 g Speisestärke
- 1 TL Backpulver
- 100 g Puderzucker
- 300 g Marzipan-Rohmasse
- 200 g gemahlene Haselnüsse
- 750 g Schlagsahne
- 75 g Johannisbeer-Gelee
- 50 g Haselnußblättchen
- evtl. 16 Haselnußkerne zum Verzieren
- Backpapier, Klarsichtfolie

1. Eier trennen. Eiweiß und 4 EL Wasser steif schlagen. Zucker und Vanillin-Zucker dabei einrieseln lassen. Eigelb unterziehen. Mehl, Stärke und Backpulver mischen und unterheben. Masse in eine am Boden mit Backpapier ausgelegte Springform (26 cm Ø) streichen. Im vorgeheizten Backofen (E-Herd: 175 °C / Umluft: 150 °C / Gas: Stufe 2) ca. 25 Minuten backen. Auskühlen lassen.

2. Puderzucker und Marzipan verkneten. Zwischen Klarsichtfolie dünn ausrollen. Mit der Springform 2 Kreise (à 26 cm Ø) ausschneiden. Nüsse rösten. Abkühlen lassen. Sahne in 2 Portionen steif schlagen. Nüsse unter eine Portion Sahne heben. Gelee erwärmen.

3. Boden 2x teilen. Auf den unteren Boden Hälfte Gelee, 1. Marzipanplatte und übriges Gelee geben. Mit 2. Boden bedecken, Nußsahne daraufstreichen. 3. Boden darauflegen. Mit Rest Sahne, bis auf 5 EL, bestreichen. 2. Marzipanplatte darauflegen. Mit Sahnetuffs, Nußblättchen und ganzen Nüssen verzieren.

Zubereitungszeit ca. 1¾ Std. (ohne Wartezeit). Pro Stück ca. 470 kcal / 1970 kJ.

Orangen-Punsch-Torte

Zutaten für ca. 16 Stücke:

- 30 g Zartbitter-Schokolade
- 200 g gemahlene Haselnüsse
- 2 EL Paniermehl
- 5 Eier (Gr. M)
- 125 g + 50 g + 1 EL Zucker
- 6 Blatt weiße Gelatine
- 6–7 Orangen (ca. 1,4 kg)
- abgeriebene Schale von
  ½ unbehandelten Zitrone
- 1 Beutel (2 g) Glühfix
- 6 EL Orangenlikör
- 300 g + 350 g Schlagsahne
- 50–100 g Halbbitter-Kuvertüre

1. Eine Springform (26 cm Ø) am Boden mit Backpapier auslegen. Schokolade fein reiben, mit Nüssen und Paniermehl mischen. Eier trennen. Eiweiß steif schlagen, 125 g Zucker einrieseln lassen. Eigelb einzeln darunterschlagen. Nußmischung unterheben. Masse in die Form geben, glattstreichen. Im heißen Ofen (E-Herd: 175 °C / Umluft: 150 °C / Gas: Stufe 2) 40–45 Minuten backen. Auskühlen.

2. Gelatine einweichen. 2–3 Orangen auspressen. Übrige Orangen einschließlich der weißen Haut schälen. Filets von 2 Orangen herausschneiden und Fruchtreste ausdrücken. ¼ l Saft, 50 g Zucker, Zitronenschale und Glühfix aufkochen. Ca. 5 Minuten ziehen lassen. Glühfix entfernen und Likör zugeben. Gelatine ausdrücken und in dem nicht zu heißen Punsch auflösen. Kalt stellen, bis er leicht geliert.

3. 300 g Sahne steif schlagen und unter den Punsch heben. Biskuit halbieren. Hälfte der Creme auf den unteren Boden streichen. Abgetropfte Orangenfilets als Kranz in die Mitte legen. Rest Creme kuppelförmig daraufschichten. 2. Boden darauflegen und am Rand herunterdrücken. Torte ca. 2–3 Stunden kalt stellen.

4. Von der Kuvertüre Späne abziehen. Übrige Orangen in Scheiben schneiden. 350 g Sahne und 1 EL Zucker steif schlagen. Torte mit ⅔ der Sahne bestreichen, verzieren. Kalt stellen.

Zubereitungszeit ca. 2 Std.
Wartezeit ca. 4 Std.
Pro Stück ca. 350 kcal / 1470 kJ.

Weihnachtsbäckerei

Saftiger Quarkstollen

Zutaten für ca. 25 Stücke:

- 1 Packung (100 g) gewürfeltes Zitronat
- 150 g Rosinen
- 500 g Mehl
- 1 Päckchen Backpulver
- 2 Eier (Gr. M)
- 125 g Zucker
- 1 Päckchen Vanillin-Zucker
- 250 g Magerquark
- ½ TL Salz
- 1 EL Rum
- 125 g + 125 g Butter/Margarine
- 125 g gehackte Mandeln
- Mehl für die Arbeitsfläche
- 200 g Puderzucker
- Backpapier

1. Zitronat etwas kleiner hacken. Rosinen waschen und abtropfen lassen. Mehl und Backpulver in eine Schüssel sieben. In die Mitte eine Mulde drücken. Eier, Zucker und Vanillin-Zucker in die Mulde geben und mit etwas Mehl verrühren.

2. Quark, Salz, Rum und 125 g Fett in Würfeln zugeben und unterkneten. Rosinen, Zitronat und Mandeln unterkneten. Ca. 40 Minuten ruhenlassen.

3. Teig auf einer bemehlten Arbeitsfläche zum Oval (ca. 32 x 42 cm) ausrollen und zu einem Stollen formen. Auf ein mit Backpapier ausgelegtes Backblech legen. Im vorgeheizten Backofen (E-Herd: 175–200 °C/ Umluft: 150–175 °C / Gas: Stufe 2–3) 60–70 Minuten backen. Evtl. den Stollen abdecken.

4. 125 g Fett schmelzen, ca. ¼ davon auf den noch warmen Stollen streichen, ¼ Puderzucker daraufsieben und etwas festdrücken. Vorgang noch dreimal wiederholen. Stollen auskühlen lassen.

Zubereitungszeit ca. 2¼ Std. (ohne Wartezeit).
Pro Scheibe ca. 280 kcal / 1170 kJ.

Pistazien-Kirsch-Kranz

Zutaten für ca. 20 Stücke:

- 1 Glas (720 ml) Sauerkirschen
- 4 Eier (Gr. M)
- 60 g + 25 g Pistazienkerne
- 200 g + 100 g Marzipan-Rohmasse
- 300 g Butter/Margarine
- 175 g Zucker
- abgeriebene Schale von 1 unbehandelten Zitrone
- etwas Bittermandel-Aroma
- 1 Prise Salz
- 750 g Mehl
- 100 g gemahlene Mandeln
- 1 Päckchen Backpulver
- 375 g Magerquark
- 1 TL Milch
- 50 g Puderzucker
- 3–4 EL Aprikosen-Konfitüre
- Backpapier

1. Kirschen abtropfen lassen. 1 Ei trennen. 60 g Pistazien hacken und mit 200 g Marzipan und 1 Eiweiß glatt verrühren.

2. Fett und Zucker schaumig rühren. 3 Eier, Zitronenschale, Bittermandel-Aroma und Salz unterrühren. Mehl, Mandeln, bis auf 2 EL, und Backpulver mischen. Quark evtl. abtropfen lassen. Beides zufügen und alles schnell zu einem glatten Teig verkneten.

3. Teig halbieren. 2 Streifen (à 18 x 80 cm) ausrollen. 1. Streifen mit Pistazien-Marzipan, 2. Streifen mit Kirschen und 2 EL Mandeln belegen. Beide Streifen längs aufrollen. Zur Kordel drehen, dann zum Kranz formen. 1 Eigelb und Milch verquirlen. Den Kranz damit bestreichen. Kranz auf ein mit Backpapier ausgelegtes

Backblech legen. Im vorgeheizten Backofen (E-Herd: 175 °C / Umluft: 150 °C / Gas: Stufe 2) ca. 1 Stunde backen.

4. 100 g Marzipan und Puderzucker verkneten, ausrollen, Glocken ausstechen. Konfitüre erwärmen, Kranz damit bestreichen. Mit 25 g Pistazien und Glocken verzieren.

Zubereitungszeit ca. 2 Std.
Pro Stück ca. 480 kcal / 2010 kJ.

181

Weihnachtsbäckerei

Marzipan-Rosetten-Stollen

Zutaten für ca. 16 Stücke:

- 5 EL (50 ml) + 100 ml Milch
- 500 g Mehl
- ½ Würfel (21 g) frische Hefe
- 1 EL (20 g) + 100 g Zucker
- 150 g + 50 g Butter
- 1 Ei (Gr. M)
- 200 g + 50 g getrocknete Aprikosen
- 100 g entsteinte halbweiche Trockenpflaumen
- 75 g + 25 g Pistazienkerne
- 300 g Marzipan-Rohmasse
- 80 g + ca. 3 EL Puderzucker
- Fett für die Form

1. Für den Vorteig 5 EL Milch erwärmen. Mehl in eine Schüssel geben und in die Mitte eine Mulde drücken. Hefe hineinbröckeln. 1 EL Zucker und

5 EL lauwarme Milch zur Hefe geben, mit etwas Mehl verrühren und zugedeckt an einem warmen Ort ca. 30 Minuten gehen lassen.

2. 100 ml Milch erwärmen. Mit 100 g Zucker, 150 g Butter und Ei zum Vorteig geben. Alles glatt verkneten. An einem warmen Ort ca. 2 Stunden gehen lassen.

3. 200 g Aprikosen und Pflaumen würfeln. Mit 75 g Pistazien mischen. Marzipan und 80 g Puderzucker verkneten. Auf 2 EL Puderzucker zum Rechteck (ca. 30 x 45 cm) ausrollen.

4. Teig durchkneten. Zum Rechteck (ca. 30 x 45 cm) ausrollen. Marzipan darauflegen. Aprikosen-Mischung darauf verteilen, längs aufrollen. In ca. 4 cm große Stücke schneiden.

Mit einer Schnittfläche nach oben in eine gefettete Springform (26 cm Ø) setzen. Im vorgeheizten Backofen (E-Herd: 200 °C / Umluft: 175 °C / Gas: Stufe 3) ca. 35 Minuten backen.

5. 50 g Aprikosen und 25 g Pistazien hacken, mischen. 50 g Butter schmelzen und Stollen damit bestreichen. Mit der Aprikosen-Pistazien-Mischung und Puderzucker bestreuen.

Zubereitungszeit ca. 3½ Std.
Pro Stück ca. 450 kcal / 1890 kJ.

Französischer Schoko-Kuchen

Zutaten für ca. 20 Stücke:

- 100 g Zartbitter-Schokolade
- 150 g + 100 g Mandelkerne
- 300 g Butter/Margarine
- 275 g Zucker
- 1 Päckchen Vanillin-Zucker
- 5 Eier (Gr. M)
- 300 g Mehl
- 2 TL Backpulver
- Fett und Paniermehl für die Form
- 20 g Pistazienkerne
- 5 rote Belegkirschen
- 375 g Halbbitter-Kuvertüre

1. Schokolade fein reiben. 150 g Mandeln im Universalzerkleinerer fein mahlen. Weiches Fett, Zucker und Vanillin-Zucker schaumig rühren. Eier trennen. Eigelb nacheinander unter die Fett-Zuckermasse rühren. Gemahlene Mandeln und Schokolade unterrühren. Mehl und Backpulver mischen und unterrühren. Eiweiß steif schlagen und unterheben.

2. Teig in eine gefettete, mit Paniermehl ausgestreute Springform (26 cm Ø) mit Rohrbodeneinsatz füllen. Im vorgeheizten Backofen (E-Herd: 175 °C / Umluft: 150 °C / Gas: Stufe 2) ca. 1 Stunde backen. Kuchen in der Form ca. 15 Minuten abkühlen lassen. Dann vorsichtig aus der Form stürzen und vollständig auskühlen lassen.

3. 100 g Mandeln mit kochendem Wasser überbrühen. Mandeln aus der Haut drücken und halbieren. Pistazien und Kirschen ebenfalls halbieren. Kuvertüre grob hacken und im heißen Wasserbad schmelzen. Abkühlen lassen und erneut schmelzen.

4. Kranz mit der Kuvertüre überziehen. Den Kuchen sofort mit Blüten aus Mandeln, Pistazien und Kirschen verzieren. Trocknen lassen.

Zubereitungszeit ca. 2 Std. (ohne Wartezeit). Pro Stück ca. 450 kcal / 1890 kJ.

Berner Nußtäschchen

Zutaten für ca. 45 Stück:

- 300 g Mehl
- 100 g + 50 g + 75 g Zucker
- 1 Päckchen Vanillin-Zucker
- 1 Ei (Gr. M)
- 175 g + 1 TL Butter
- 50 g Walnußkerne
- 50 g gehackte Mandeln
- 4 EL + 1 TL Schlagsahne
- 2 EL flüssiger Honig
- 1 Eigelb
- ca. 125 g Mandeln (ohne Haut)
- 1 TL Puderzucker
- Backpapier

1. Mehl, 100 g Zucker, Vanillin-Zucker, Ei und 175 g Butter verkneten. Zugedeckt ca. 1 Stunde kühlen.

2. Walnüsse grob hacken. 50 g Zucker schmelzen. Gehackte Mandeln und Nüsse unterrühren. 4 EL Sahne und Honig einrühren. 1 Minute köcheln.

3. Teig 4–5 mm dick ausrollen. Mit runden Ausstechern (ca. 6 cm Ø) ca. 45 Kreise ausstechen. Je ½ TL Nuß-Füllung daraufgeben. Teig überklappen und andrücken.

4. Auf mit Backpapier ausgelegte Bleche setzen. Eigelb und 1 TL Sahne verquirlen. Taschen damit bestreichen. Im vorgeheizten Backofen (E-Herd: 200 °C / Umluft: 175 °C/ Gas: Stufe 3) ca. 12 Minuten backen. Auskühlen lassen.

5. 75 g Zucker schmelzen. 1 TL Butter und 3–4 EL heißes Wasser unterrühren, aufkochen. Ganze Mandeln unterheben. Täschchen damit verzieren. Mit Puderzucker bestäuben.

Zubereitungszeit ca. 1½ Std.
(ohne Wartezeit).
Pro Stück ca. 120 kcal / 500 kJ.

Gefüllte Gelee-Plätzchen

Zutaten für ca. 25 Stück:

- 300 g Mehl
- 75 g Zucker
- 1 Päckchen Vanillin-Zucker
- 1 Msp. Backpulver
- 200 g Butter/Margarine
- 2 Eier (Gr. M)
- 2–3 TL Citro-back
- etwas Bittermandel-Aroma
- ca. 40 g gehackte Mandeln
- 200 g Aprikosen-Konfitüre
- 150 g Johannisbeergelee
- 1 EL Puderzucker
- Backpapier

1. Für den Mürbeteig Mehl, Zucker, Vanillin-Zucker, Backpulver, Fett in Stückchen, 1 Ei, Citro-back und Aroma glatt verkneten. Zugedeckt ca. 30 Minuten kalt stellen.

2. Teig dünn ausrollen. Mit verschiedenen Weihnachtsplätzchenausstechern ca. 50 Plätzchen ausstechen. Von der Hälfte die Mitte ausstechen, so daß jeweils ein ca. ½ cm breiter Rand bleibt.

3. 1 Ei trennen. Teigränder mit Eiweiß bestreichen und die Plätzchen aufeinandersetzen. Mit verquirltem Eigelb bestreichen. Ränder mit Mandeln bestreuen. Auf ein mit Backpapier ausgelegtes Backblech legen. Im vorgeheizten Backofen (E-Herd: 200 °C/ Umluft: 175 °C / Gas: Stufe 3) 12-15 Minuten backen. Auskühlen lassen.

4. Konfitüre und Gelee getrennt mit je 1 EL Wasser etwas köcheln lassen.

Konfitüre und Gelee mit einem Eßlöffel in die Mitte der Plätzchen füllen. Ränder mit Puderzucker bestäuben.

Zubereitungszeit ca. 1½ Std. (ohne Wartezeit).
Pro Stück ca. 180 kcal / 750 kJ.

EXTRA-TIP

Damit das Eigenaroma erhalten bleibt, Plätzchen nach Sorten getrennt in gut verschließbaren Dosen aufbewahren. Als Schutz vor dem Zerbrechen zwischen jede Lage Kekse ein Blatt Pergamentpapier legen.

Kleine Elisen-Lebkuchen

Zutaten für ca. 35 Stück:

- 75 g Zitronat
- 50 g Orangeat
- 2 Eier (Gr. M)
- 100 g + 50 g Puderzucker
- 1 TL Zimt
- 1 Prise Salz
- je 1 Msp. gemahlene Nelken und Muskatblüte
- abgeriebene Schale von ½ unbehandelten Zitrone
- 100 g gemahlene Mandeln
- 125 g gemahlene Haselnüsse
- 1 Msp. Backpulver
- ca. 35 Back-Oblaten (44 mm Ø)
- 100 g Halbbitter-Kuvertüre
- 1 EL Mandelblättchen
- 9 Belegkirschen
- 1 EL Rum

1. Zitronat und Orangeat fein hacken. Eier, 100 g Puderzucker, Gewürze und Zitronenschale cremig schlagen. Mandeln, Nüsse, Backpulver, Zitronat und Orangeat unterrühren. Ca. 30 Minuten ruhenlassen.

2. Oblaten auf ein Backblech legen. Mit einem Eßlöffel den Teig als kleine Häufchen auf die Oblaten setzen.

Im vorgeheizten Backofen (E-Herd: 150 °C / Umluft: 125 °C / Gas: Stufe 1) 25–30 Minuten backen. Danach auskühlen lassen.

3. Kuvertüre grob hacken und auf dem heißen Wasserbad schmelzen. Hälfte der Plätzchen mit Kuvertüre überziehen und mit Mandelblättchen verzieren. Belegkirschen halbieren. 50 g Puderzucker, Rum und 1 EL heißes Wasser verrühren. Übrige Plätzchen damit überziehen und mit je ½ Belegkirsche verzieren. Guß trocknen lassen.

Zubereitungszeit ca. 1 Std. (ohne Wartezeit).
Pro Stück ca. 90 kcal / 370 kJ.

Kernige Hafertaler

Zutaten für ca. 75 Stück:

- 50 g Butter/Margarine
- 2 EL Orangensaft
- 100 g Zucker
- 50 g Mehl
- 25 g kernige Haferflocken
- 50 g Haselnußblättchen
- 100 g Zartbitter-Kuvertüre
- Backpapier

1. Fett in Würfel schneiden und in einem kleinen Topf schmelzen lassen. Saft und Zucker glattrühren. Vom Herd nehmen. Mehl gleichmäßig unterrühren. Haferflocken und Haselnußblättchen vorsichtig unterheben. Bei Zimmertemperatur ca. 1 Stunde ruhenlassen.

2. Jeweils ½ TL Teig als Häufchen (mit etwa 10 cm Abstand) auf mit Backpapier ausgelegte Backbleche geben und etwas andrücken. Im vorgeheizten Backofen (E-Herd: 200 °C / Umluft: 175 °C / Gas: Stufe 3) jeweils 8–10 Minuten backen. Auskühlen lassen.

3. Kuvertüre grob hacken und auf dem heißen Wasserbad schmelzen. Plätzchen zu einem Drittel in die Kuvertüre tauchen. Trocknen lassen.

Zubereitungszeit ca. 1½ Std.
Wartezeit ca. 1 Std.
Pro Stück ca. 20 kcal / 80 kJ.

EXTRA-TIP

Statt der Haferflocken können Sie auch Mandelblättchen verwenden. Mit den Haselnußblättchen mischen und unter die Mehl-Zuckermasse heben.

Tips und Tricks

Backen ist gar nicht schwer –
wenn man die entscheidenden
Kniffe kennt. Machen Sie
doch mal den Test: Wissen Sie
zum Beispiel, wie man Gelatine
löst? Oder wie man einen
Spritzbeutel richtig hält? Wie
ein Biskuitboden perfekt geteilt
wird? Oder was man tun kann,
damit der Mürbeteigboden
unter dem saftigem Obstbelag
nicht aufweicht? Hier viele
wertvolle Tips, damit
beim Backen alles glattgeht

Rund

Spritzbeutel richtig füllen

Erst Stern- oder Lochtülle einsetzen. Dann den Beutel nach außen umschlagen. Unter die Krempe fassen. Teig, Creme oder Sahne einfüllen. Beutelende hochklappen, zudrehen und dabei die Fülle nach unten drücken. Mit der anderen Hand die Tülle führen.

Der Trick mit dem Zwirn

Biskuit in gleich dicke Böden zu schneiden ist keine Hexerei! Kerben Sie den Biskuit rundherum leicht ein. Legen Sie einen Zwirnsfaden in diese Kerbe und ziehen Sie ihn vorn überkreuz zusammen. Das klappt auch prima bei mehreren Böden.

Gelatine auflösen

EINWEICHEN: *Blattgelatine in einer Schüssel mit reichlich kaltem Wasser 10–15 Minuten quellen lassen.*

AUSDRÜCKEN: *Die Gelatine abtropfen lassen und dabei etwas ausdrücken.*

AUFLÖSEN: *Gelatine löst sich bereits bei 30 °C. Die eingeweichte Gelatine in einem Töpfchen bei milder Hitze (nie kochen lassen!) unter ständigem Rühren auflösen. Zuerst mit etwas von der zu gelierenden Masse verrühren, dann unter die gesamte Masse rühren.*

Temperieren von Kuvertüre

Kuvertüre hacken und in eine kleine Schüssel geben. Im heißen Wasserbad schmelzen, dann die Schüssel herausnehmen, und die Kuvertüre bei Zimmertemperatur abkühlen lassen. Dann nochmals erhitzen, so behält sie ihren schönen Glanz und wird nicht stumpf.

Mürbeteig blindbacken

Durchgeweichter Mürbeteig unter frischem Obst – das muß nicht sein! Der Trick: vorbacken ohne Belag. Dazu die Backform erst mit Teig, dann mit Backpapier auslegen, mit getrockneten Erbsen beschweren. So bleibt der Boden flach, der Teig knusprig.

ums Backen

So gehen Kuchen problemlos aus der Form

PAPIER STATT EINFETTEN
spart Zeit und Arbeit: einfach zwischen Boden und Rand der Springform klemmen, überstehendes Papier abschneiden. Papier nach dem Backen abziehen.

DER GEWELLTE RAND
gibt Obstböden die typische Form. Damit sie sich gut aus der Form lösen, auch die Rillen sorgfältig einfetten und mit Paniermehl oder Mandeln ausstreuen.

BEIM GLATTEN RAND
den fertigen Kuchen in der Form etwas abkühlen lassen. Danach den Kuchen mit einem Messer vom Formrand lösen und den Ring abnehmen.

Feine Verzierungen für Torten

TUPFEN UND GIRLANDEN
aus Sahne geben Schokoladen- und Obsttorten auch optisch besonderen Pfiff. Mit der Stern- oder Lochtülle des Spritzbeutels gelingen sie am besten. Damit die Sahnepracht auch lange auf der Torte hält, Sahne steif schlagen und dabei Sahnefestiger einrieseln lassen.

FEINE ORNAMENTE
aus Zuckerguß (Puderzucker mit einigen Tropfen Wasser, Zitronensaft, Likör oder etwas Speisefarbe verrühren) oder Kuvertüre lassen sich mit Hilfe eines Gefrierbeutels aufspritzen. Dazu den Gefrierbeutel zu max. einem Drittel füllen und eine kleine Ecke abschneiden.

EIN DICKER MANDELRAND
ist das I-Tüpfelchen für köstliche Sahne- oder Cremetorten: Dazu Mandelblättchen in einer Pfanne ohne Fett rösten, sofort herausnehmen. Tortenrand mit Sahne oder Creme einstreichen und die Mandelblättchen mit Hilfe einer Teigkarte von unten nach oben andrücken.

Register

A

Altdeutscher Kirschkuchen 83

Amerikaner mit
Schokostückchen 58

Ananas-Kokos-Kuchen 116

Ananaskuchen mit
Kokos-Kruste 37

Apfel-Gitter-Kuchen
mit Mandeln 104/105

Apfelkuchen mit Streuseln 103

Apfel-Marmor-Kuchen 106

Apfel-Nuß-Sahne-Torte 100

Apfel-Taler mit Eierlikör 56

Aprikosen-Champagner-Torte 144

Aprikosen-Käse-Torte
mit Amarettini 27

Aprikosenkuchen mit
Nußhaube 30

Aprikosen-
Mascarpone-Charlotte 149

Aprikosen-Pflaumen-Kuchen 126

Aprikosen-Schnitten
nach Konditor-Art 38

Aprikosen-Torte mit
Kokoskonfekt 160/161

Aprikosen-Trauben-Torte 147

B

Bananenkranz
mit Schoko-Guß 124

Beeren-Joghurt-Torte 70/71

Beerenkuchen mit Rahmguß 74

Berner Nußtäschchen 184

Brombeer-Pfirsich-Kuchen 77

Bunte Obstschnitten 28/29

Bunte Schoko-Törtchen 165

Buntes Muttertagsherz 152

Buttermilch-Zitronen-Kuchen 170

C

Cappuccino-Kranzkuchen 164

Cappuccino-Nuß-Torte 127

Clementinen-Sandkuchen 131

Creme-Törtchen
mit Früchten 50/51

D

Donauwellen mit
Schokostückchen 42

E

Eierlikör-Apfel-Torte 102

Eierlikör-Gugelhupf 136

Erdbeer-Brandteig-Torte 65

Erdbeer-Käse-Kuchen 60/61

Erdbeer-Rhabarber-Torte 66

Erdbeer-Quark-Schnitten 123

Erdbeer-Schnitten vom Blech 63

Erdbeer-Stracciatella-Torte 69

Erdbeer-Torte mit Mascarpone . . .62

Erdbeer-Vanille-Kopenhagener 64

Exotische Ananas-Torte 112

F

Feine Kirsch-Sahne-Torte 78/79

Fleißige Mäuse 153

Florentiner Sahne-Torte 118/119

Frankfurter Kranz mit Erdbeeren . .67

Französische Apfel-Tarte 101

Französischer Schoko-Kuchen . .183

Frischkäse-Torte mit Melone 115

Fruchtige Käse-Sahne-Torte 120

Fruchtiger Schmand-Kuchen 72

Frühstücks-Osterhase 172

G

Gebackener Käsekuchen 24

Gedeckter Apfel-Vanille-Kuchen . . .35

Gedeckter Pflaumenkuchen 90

Gefüllte Apfeltaschen 109

Gefüllte Gelee-Plätzchen 185

Gespickter Mandel-Rehrücken 46

Große Apfel-Hefe-Schnecke 108

Großherzogin-Luise-Torte 43

H

Häschens Rüben-Kuchen 159

Hefekranz mit Pflaumenfüllung . . .96

Herren-Torte mit Pralinen 49

Himbeer-Käse-Sahne-Torte . .140/141

Himbeer-Tarte mit
Vanille-Quark 75

J

Joghurt-Heidelbeer-Törtchen 57

Joghurt-Himbeer-Schnitten 33

K

Kaffee-Mandelkuchen 137

Karamelisierter
Apfelkuchen 98/99

Karamel-Nuß-Ecken 55

Käsekuchen mit Pflaumen 89

Käse-Sahne-Torte
mit Aprikosen 18/19

Käse-Sahne-Torte
mit Himbeeren 25

Käse-Sahne-Torte „Tutti frutti" 23

Käse-Streusel-Torte mit Apfel 21

Kernige Hafertaler 187

Kirsch-Butterkuchen vom Blech . . .80

Kirsch-Muffins mit
Schoko-Bits 54

Kirsch-Joghurt-Torte 81

Kirsch-Torte mit Mascarpone 82

Kleine Elisen-Lebkuchen 186

Kopenhagener
Marzipan-Kranz 48

Krokant-Fächer-Torte
mit Kirschen 146

Krokant-Napfkuchen 138

Register

L

Laster mit süßer Fracht 155

Lebkuchen-
Mascarpone-Torte 176/177

Limetten-Pie „Florida" 117

Lübecker Marzipan-Torte 178

Lustige Keks-Taler 157

M

Mailänder
Mascarpone-Kranz 128/129

Malakoff-Torte
mit Vanillecreme 47

Maracuja-Flocken-Torte 114

Marien-Käfer 158

Marzipan-Pfaumen-Kuchen 91

Marzipan-Pfirsich-Nester 53

Marzipan-Rosetten-Stollen 182

Mascarpone-Kirsch-Torte 121

Mohnkuchen mit
Zitronenguß 133

Mokka-Marmorkuchen 134/135

N

New Yorker Cheese Cake 22

Nougat Pfirsich-Torte 174

Nußkuchen mit Kirschen 130

Nußtorte mit Eierlikör-Sahne 145

Nuß-Sahne-Torte mit
Marzipan-Häschen 168/169

O

Obst-Sahne-Torte 167

Obsttorte mit Vanille-Sahne 143

Orangen-Punsch-Torte 179

Orangen-Sahne-Torte 110/111

P

Papageien-Kuchen 156

Pistazien-Kirsch-Kranz 181

Pfirisch-Eierlikör-Torte 125

Pflaumen-Joghurt-Torte
mit Amarettini 86/87

Pflaumenkuchen mit
Walnuß-Krokant 97

Pflaumen-
Mascarpone-Schnitten 94

Pfaumen-Nuß-Kuchen
mit Zimtbaiser 92/93

Pflaumen-Torte
mit Baiserhaube 95

Pflaumentörtchen mit
Marzipangitter 88

Q

Quark-Kuchen mit Kirschen 20

R

Rübli-Kranzkuchen 173

Russischer Zupfkuchen
mit Aprikosen 40/41

S

Sächsischer Kleckselkuchen 39

Sahnige Himmelstorte 122

Saftiger Quark-Kirsch-Strudel 26

Saftiger Quarkstollen 180

Schwäbische
Träubles-Torte 73

Schwarzwälder Kirschrolle 84

Schwarzwälder Kirschtorte 45

Schweizer Apfelwähe mit
Preiselbeeren 107

Schoko-Kirsch-Gugelhupf 132

Schokoladen-Herz mit
Marzipan-Rose 163

Schoko-Kokos-
Kasten-Kuchen 139

Schoko-Makronen-Torte 171

Schoko-Nuß-Bienenstich 36

Schoko-Torte
mit Vanillecreme 148

Schoko-Trüffel-Torte 142

Stachelbeerkuchen mit
Baiserkranz 76

Süße Dalmatiner 150/151

T

Thüringer Schmandkuchen 31

U

Ungarische Dobos-Torte 44

V

Vanille-Kirsch-Schnitten 85

W

Waffeltorte mit Himbeersahne . . .162

Windbeutel mit Himbeercreme 59

Z

Zarte Mandelhörnchen 52

Zitronen-Buttermilch-Rolle 113

Zitronen-Joghurt-Torte
mit Erdbeeren 66

Zitronen-Schmand-Kuchen 166

Zitronen-Schoko-Kuchen 32

Zucker-Brezel mit Aprikosen 175